PLANCHES

POUR LE CINQUIÉME VOLUME

DU COURS

D'ARCHITECTURE,

COMMENCÉ

PAR feû J. F. BLONDEL,

ET continué par M. PATTE.

A PARIS,

Chez la Veuve DESAINT, Libraire,
rue du Foin-Saint-Jacques.

M. DCC. LXXVII.

Avec Approbation, & Privilége du Roi.

AVIS AU RELIEUR.

LE RELIEUR prendra soin de mettre toutes les Planches du Vᵉ & VIᵉ Volumes de suite, & de séparer celles du VIᵉ Volume par le Titre qui les annonce ; lequel Titre doit être placé entre les Planches LXXXV & LXXXVI.

Il aura l'attention de surgetter ou de coudre ensemble, à côté les unes des autres, les Planches simples par cahiers de 4 ou 5 planches, & d'ajouter un onglet à chaque cahier, pour remplir le dos du Livre, mais sans le faire sortir aucunement.

Les Planches doubles seront disposées pour sortir en partie hors du Livre, & peuvent être ployées par une de leurs extrémités, de maniere à n'avoir pas besoin d'onglets.

La Planche CXI sera ployée sur la hauteur en trois parties, & en deux sur la largeur, de façon à pouvoir être rognée seulement par le haut & le bas.

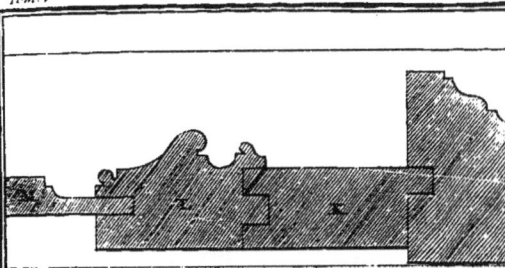

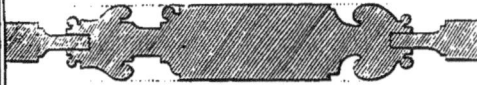

Fig. VI.

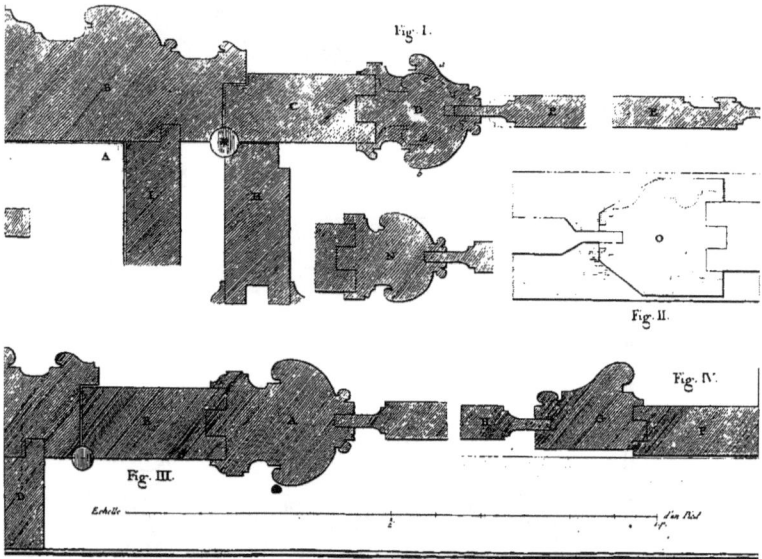

Fig. I.

Fig. II.

Fig. III.

Fig. IV.

Pl. I.

Fig. 1.

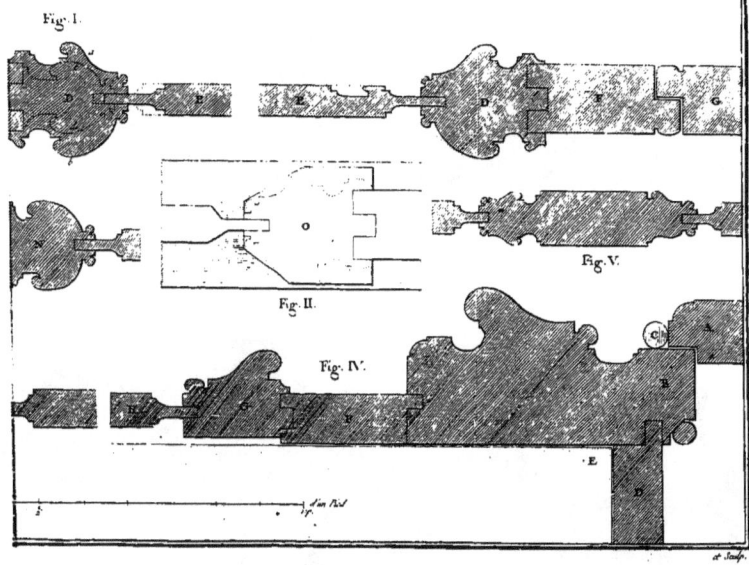

Fig. II.

Fig. V.

Fig. IV.

d'un Pied.

et Sculp.

Fig. I.

Fig. VI.

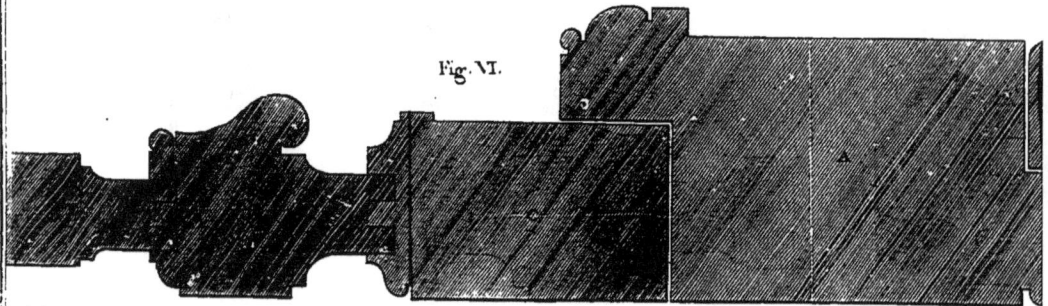

Echelle

Pl. II.

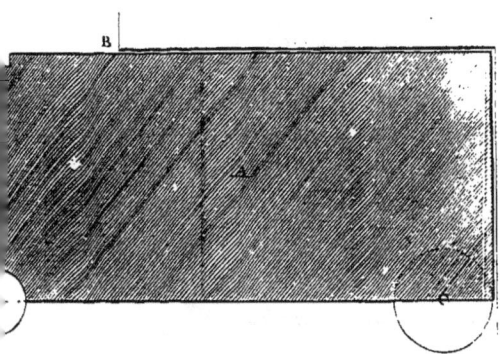

B
A
C

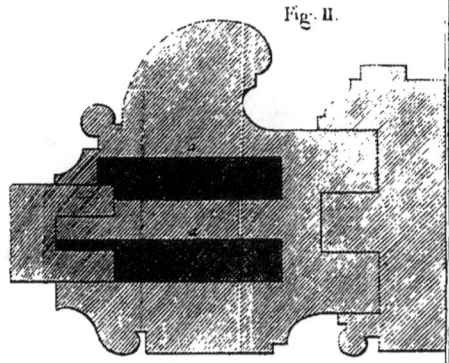

Fig. II.

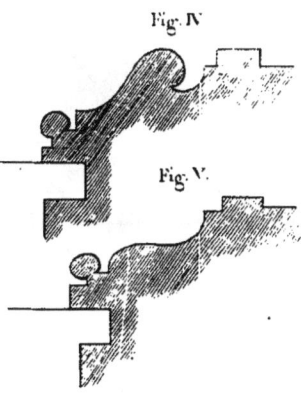

Fig. IV.

Fig. V.

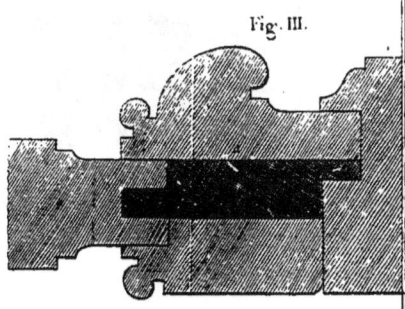

Fig. III.

B

un Pied

et Sculp

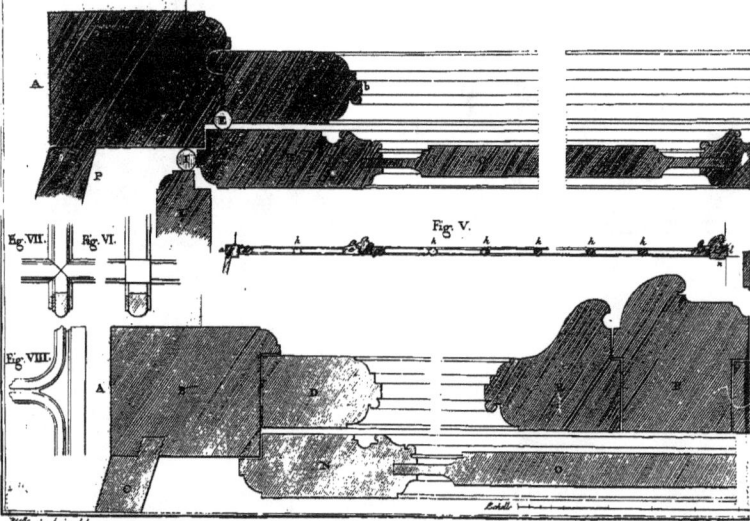

Fig. VII. Fig. VI.

Fig. V.

Fig. VIII.

Pl. III.

'EMENTS, CONCERNANTS LES CROISÉES DE MENUISERIE.

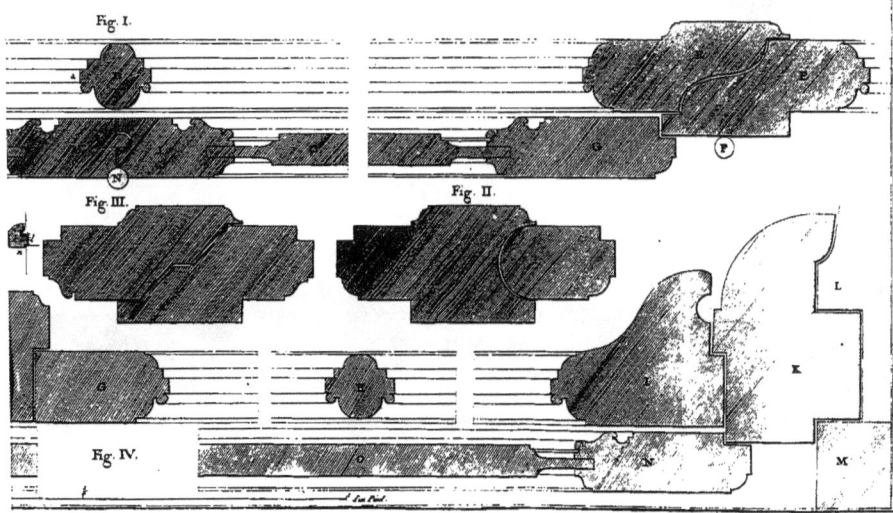

Fig. I.

Fig. III.

Fig. II.

Fig. IV.

A. Sculp.

DIVERS PROFILS CONÇERNANT LES LAMBRIS DE HA...

Fig. I.

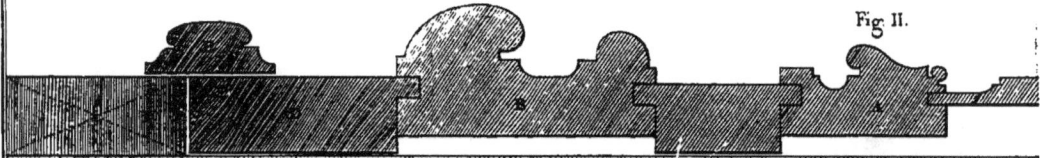

Fig II.

Fig. III.   Fig. IV.

Pl. IV.

S LAMBRIS DE HAUTEUR ET LES LAMBRIS D'APPUI.

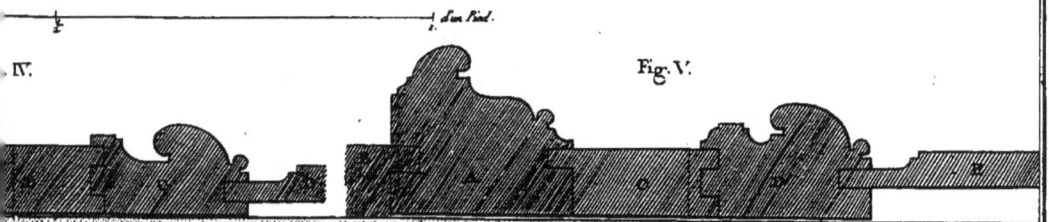

Fig. I.

Fig. II.

Fig. IV.

Fig. V.

Sun Pied.

et Sculp.

PROFILS DE CORNICHES EN PLÂTRE POUR LES PETITS APPARTEMENS.

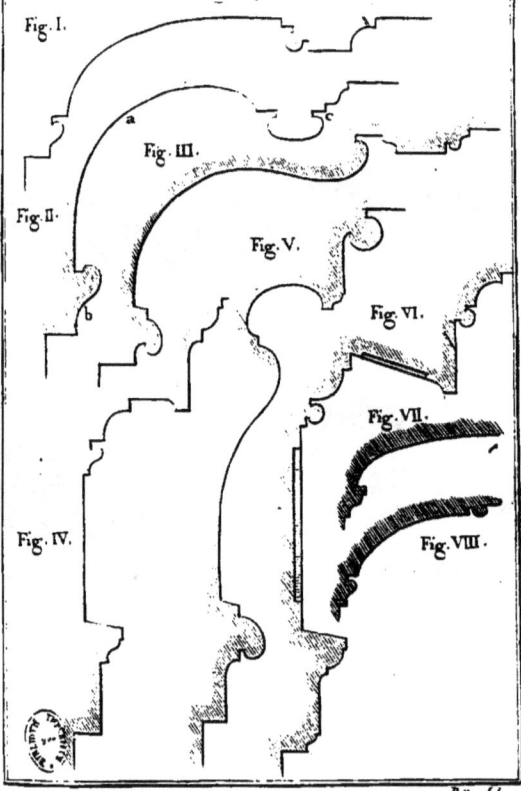

Fig. I.

Fig. III.

Fig. II.

Fig. V.

Fig. VI.

Fig. VII.

Fig. IV.

Fig. VIII.

Patte del.

PROFILS DE CORNICHES EN PLATRE, POUR LES MOIENS APPARTEMENS

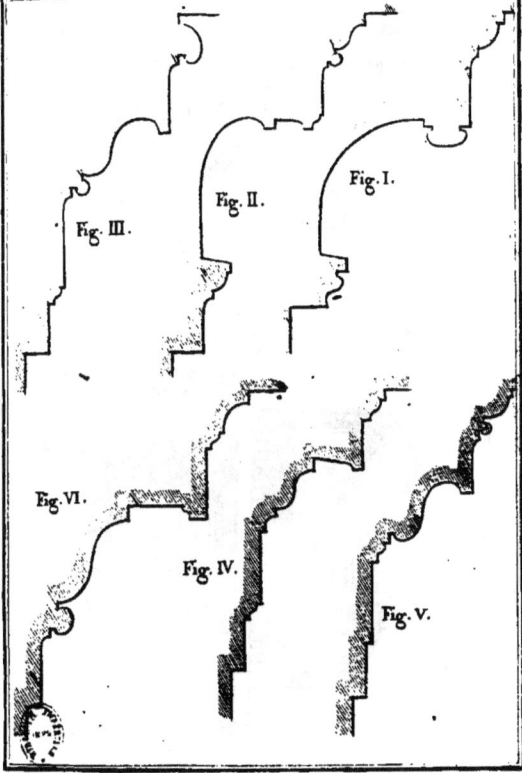

Fig. I.

Fig. II.

Fig. III.

Fig. VI.

Fig. IV.

Fig. V.

PROFILS EN PLATRE POUR LES GRANDS APPARTEMENS.

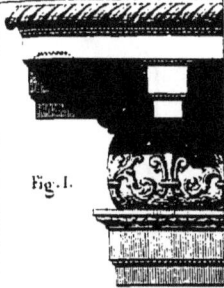

Fig. I.

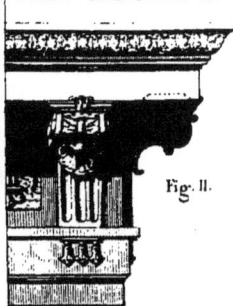

Fig. II.

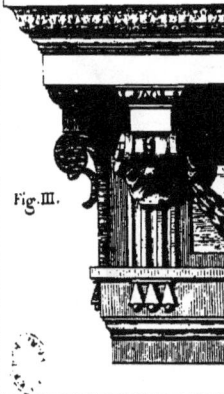

Fig. III.

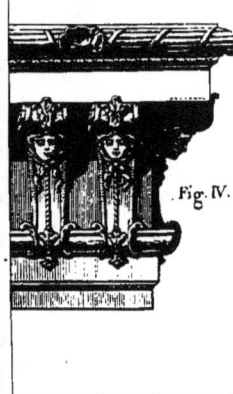

Fig. IV.

Dessiné par P. Patte.   Gravé par N. Ransonnette Pr. Graveur de Monsieur frère du Roi.

PORTE A PLACARD ORDINAIRE.

Fig. I.

Fig. II.

Patte del.   de la Gardette Sculp.

PORTE A PLACARD DANS UNE ARCADE.

E   E

Echelle de   1   2   3   4   5   *6.Pieds*

Patte inv.   *de la Gardette Sculp.*

COURONEMENT D'UNE PORTE A PLACARD.

Inventé par P. Patte. *Gravé par N. Ransonnette M^d Graveur de Monsieur frere du Roi.*

AUTRE COURONEMENT D'UNE PORTE A PLACARD.

Inventé par P. Patte.   Gravé par St Rancrevette Ve Graveur de Monsieur frère du Roi.

CROISÉE QUARRÉE ET A BANQUETTE.

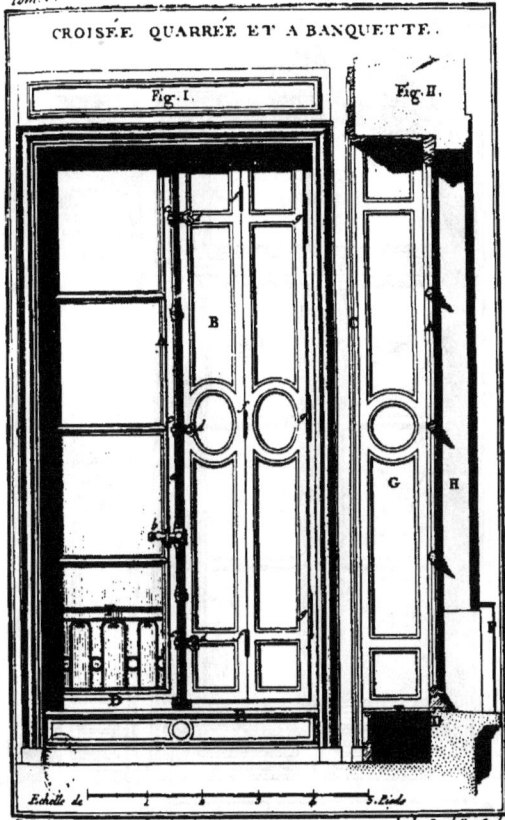

Fig. I.

Fig. II.

B

G   H

PORTES CROISÉES RONDE ET QUARRÉE AVEC UNE IMPOSTE.

Fig. I.   Fig. II.   Fig. III.

de la Cordette Sculp.

Pl. XIV.

PORTE CROISÉE AVEC UNE VOUSSURE ET SANS IMPOSTE.

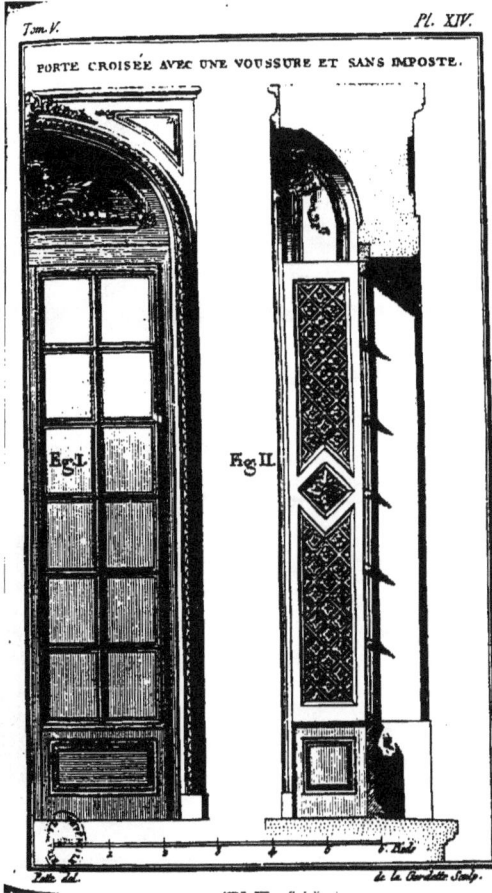

Fig. I.

Fig. II.

Patte del.

de la Gardette Sculp.

Pl. XV.

PLANS DÉVELOPPÉS DE LA MOITIÉ D'UNE PORTE A
PLACARD ET D'UNE CROISÉE.

Fig. I.

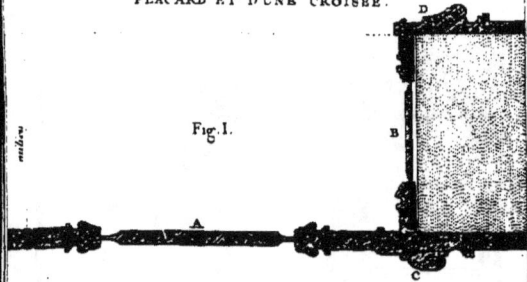

Fig. II.

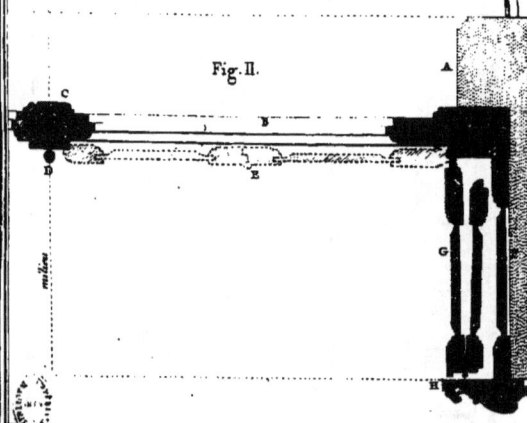

Betto del.

Rennequin Sculp.

ORNEMENS DES FERRURES DES PORTES A PLACARD.

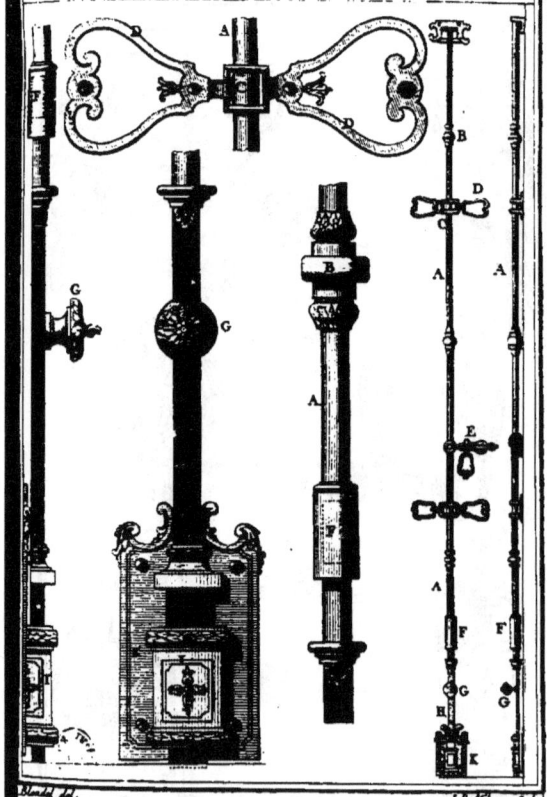

ORNEMENS DES FERRURES D'UNE CROISÉE.

CHAMBRANLE DE CHEMINÉE.

Fig I.

PLAN DE LA TABLETTE.

PLAN DE LA TABLETTE.   Fig II.

Echelle de ⟶ 1 — 2 — 3 ⟶ 4 Pieds.

Potr del.   de la Gardette Sculp.

DÉCORATION D'UNE CHEMINÉE.

Echelle de   1   2   3   4   5   6. Pieds.

Pl. XX.

AUTRE DÉCORATION D'UNE CHEMINÉE.

Plan de la Tablette.

Echelle de ... Six Piéds

Patte del.

de la Chardette Sculp.

DÉCORATION D'UN POELE DANS UNE NICHE.

Patte del.   le Roi Sculp.

DÉCORATION D'UN LAMBRIS DE HAUTEUR.

AUTRE DÉCORATION D'UN LAMBRIS DE HAUTEUR.

D

E   E

A

O   B   O

DIFFERENS DESSEINS DE TORCHIERES.

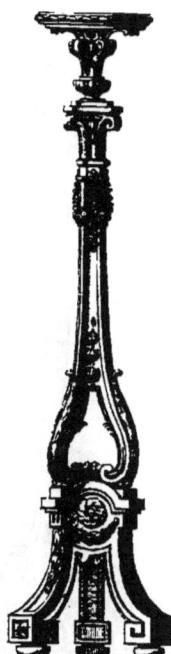

Blondel del.

Pl. XXIV.

DIFFERENS DESSEINS DE TORCHIERES.

Le Roy Sculp.

Pl. XXV.

DESSEINS DE PLAFONDS.

Blondel delin.

J. B. Bichard Sculp.

DESSEIN D'UN PLAFOND

DANS LE GOUT MODERNE.

Blondel del.

J.B. Pichart Sculp.

Blondel del.

le Roy Sculp.

PLAFOND D'UNE GALLERIE.

Roudel del.

le Roy Sculp.

AUTRE GRAND PLAFOND DANS LE GENRE ANTIQUE.

Echelle de   2. Toises

Rinald del.   le Roy Sculp.

Pl. XXX.

DIFFERENS DESSEINS DE FRISES IMITÉS DES MEILLEURS EXEMPLES ANTIQUES.

le Roy Sculp

Pl. XXXI.

DESSEINS DE PANAUX ET DE PILASTRES DE SERRURIE.

DIFFERENS DESSEINS DE BALCONS.

Blondel in.

GRILLE A HAUTEUR D'APPUI   SERVANT D'ENTRÉE AU CHŒUR DE L'ÉGLISE DE S. GERMAIN L'AUXER.[ois]

Moitié du Plan de la Grille.

Échelle de   1   2   3   4   6   6. pieds

Blondel del.   *Ransonnette Sculp.*

Pl. XXXIV.

GRILLE SERVANT D'ENTREE AU CHŒUR DE L'EGLISE DE S. ROCH.

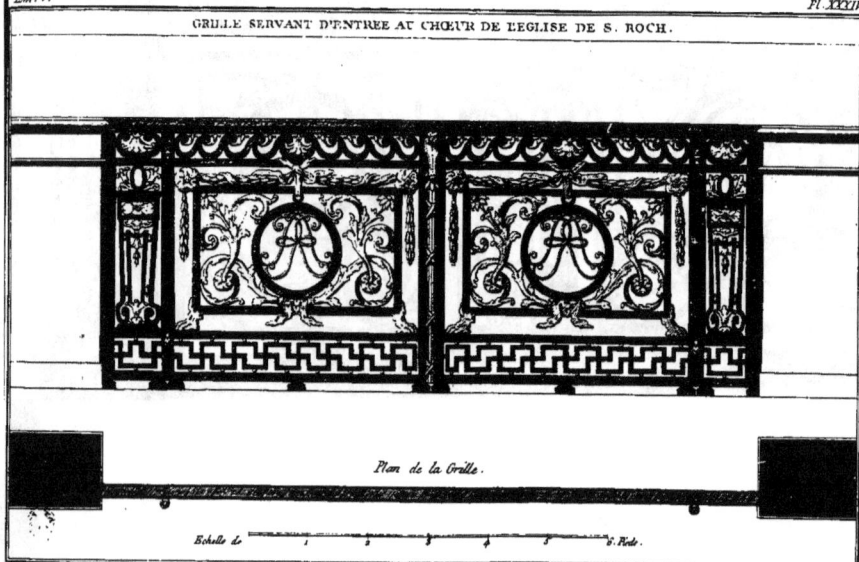

Plan de la Grille.

Echelle de ——————— 1 ——— 2 ——— 3 ——— 4 ——— 5 ——— 5. Pieds.

Blondel, del. N.B. Richard, Sculp.

RAMPE DE L'ESCALIER DE LA REINE DANS LE CHATEAU DES TUILLERIES.

Blondel. del.   Ransonette Sculp.

GRILLE D'ENTREE DE LA MAISON DE M D'ARGENSON A NEUILLY.

GRILLE D'ENTRÉE DE LA MAISON DE M. D'AR...

Pl. XXVII.

GENSON A NEUILLY.

Blondel del.

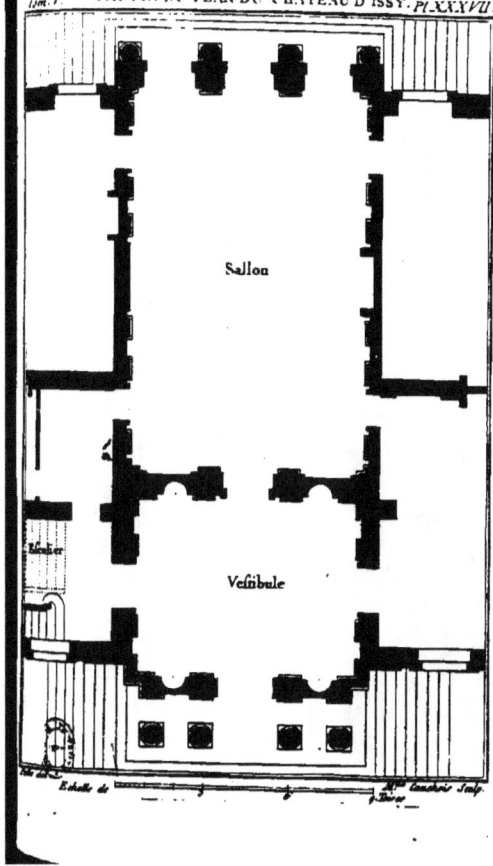

Salon

Vestibule

Blondel del.

Echelle de

ORATION DU VESTIBULE DU CHATEAU D'ISSY.

S. Bion

Pelletier Sculp.

DIFFERENS PLANS DE VESTIBULE.

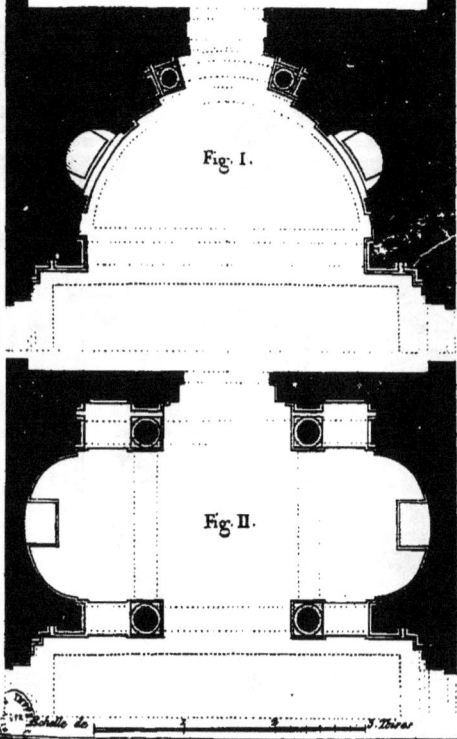

Fig. I.

Fig. II.

Echelle de .... J. Thoises.

Détail del.　　　　　　　　　　Ransonnette Sculp.

DÉCORATION D'

Echelle de

Blondel del. inv.

Pl. XI.

D'UN VESTIBULE.

Sollier Sculp.

AUTRE DÉCORATION D'UN VESTIBULE.

Echelle de   3 Toises

Blondel inv.   Sellier Sculp.

PLAN D'UNE ANTICHAMBRE SERVANT DE SALLE
A MANGER.

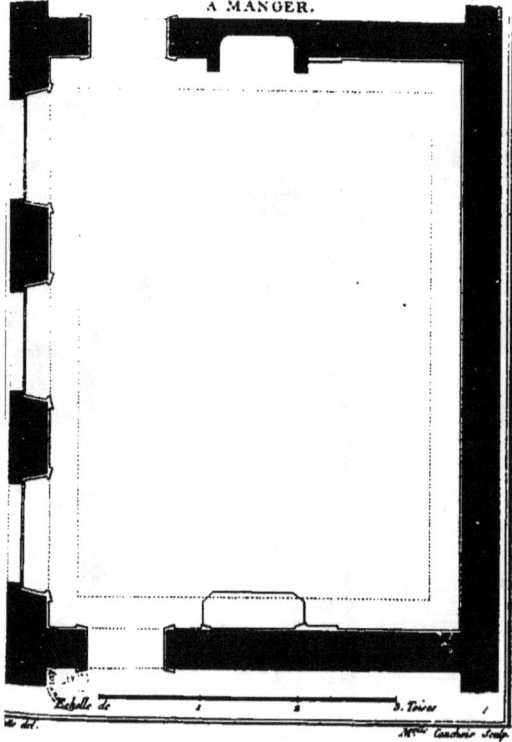

Echelle de _____ 1 _____ 2 _____ 3. Toises

de del.

M.re Cauchois Sculp.

Pl. XLIII

DÉCORATION D'UNE ANTICHAMBRE SERVANT DE SALLE A MANGER.

Echelle de   2 .Toises.

Patte inv.

de la Gardette Sculp.

PLAN D'UNE SALLE DE COMPAGNIE.

Echelle de .... 3. Toises

DÉCORATION D'UNE SALL.

Échelle de

Dessiné par P. Patte

Pl XLI

Pieds

Gravé par N. Ransonnette, Graveur Ord.re de Monsieur

Pl. XLII.

PLAN D'UN SALLON.

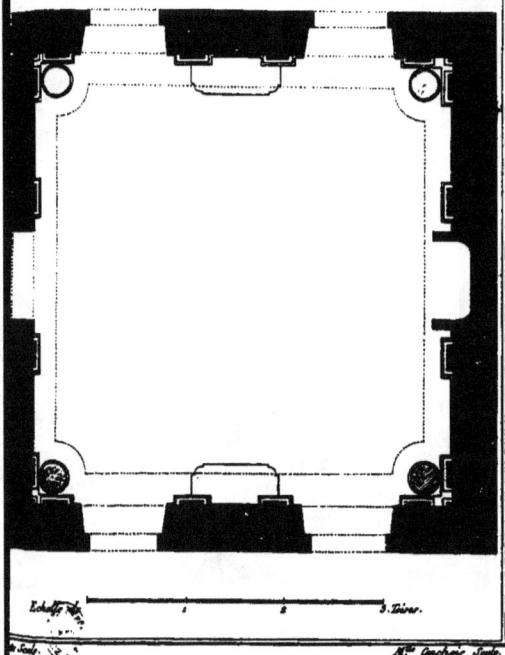

Echelle ... 1 ... 2 ... 3. Toises.

DÉCORATION D'UN SALLON.

Echelle de ⊢━━━━━━━━━ 6 ━━━━━━━━ 12 Pieds

Blondel del.

Echelle de

PLAN DE LA CHAMBRE DE PARADE

DU PALAIS ROYAL.

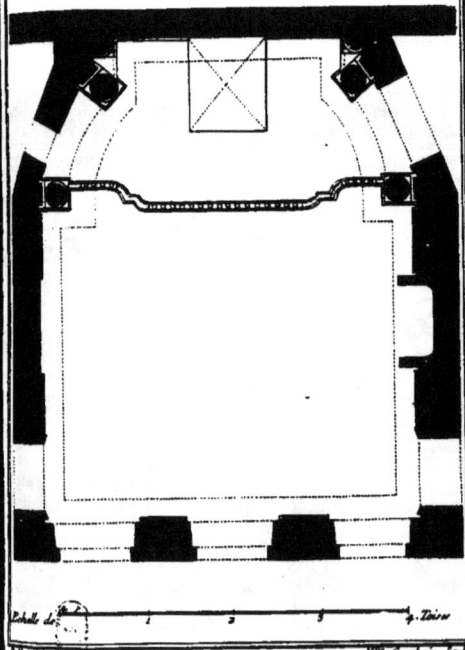

Échelle de .... 1 .... 3 .... 5 .... 4. Toise

Del. del.

M.r Couchois Sculp.

Echelle

Blondel del.

Le Roy Sculp.

Echelle de   13. Pieds.

Le Roy Sculp.

Pl. LII.

DÉCORATION D'UNE CHAMBRE A ALCOVE EXÉCUTÉE A L'HOTEL DE DEUX-PONTS.

Inventé par P. Patte.

Gravé par N. Ransonnette l'ainé Graveur de Monsieur frère du Roi.

DÉCORATION DE LA GALLERIE DE L'HOTEL DE TOULOUZE VUE SUR SA LARGEUR.

Blondel del.

Echelle de ⊢———————⊣————————⊣ 2. Toises

Le Roy Sculp.

DÉCORATION DE LA GALLERIE DE L'HOTEL D.

Blondel del.

Echelle de   1

Pl. LII.

L. DE TOULOUSE VUE SUR SA LONGUEUR.

Trisac   le Roi Sculp.

DÉCORATION DE LA GALLERIE DU PALAIS ROYAL, VUE DU COTÉ DE LA CHEMINÉE.

Blondel del.   Echelle de   5   6 Toises.   Le Roi Sculp.

Pl. LVI.

DIFFERENS PLANS DE CHAPELLE.

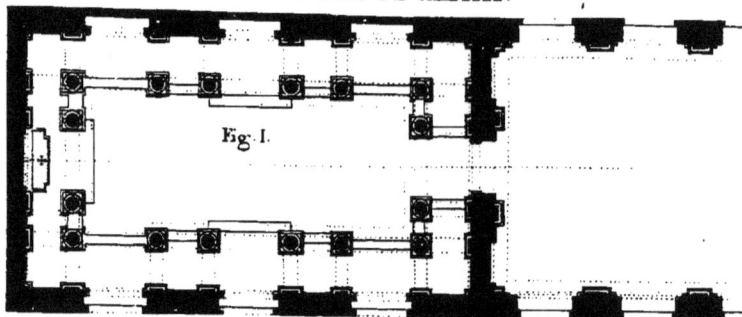

Fig. I.

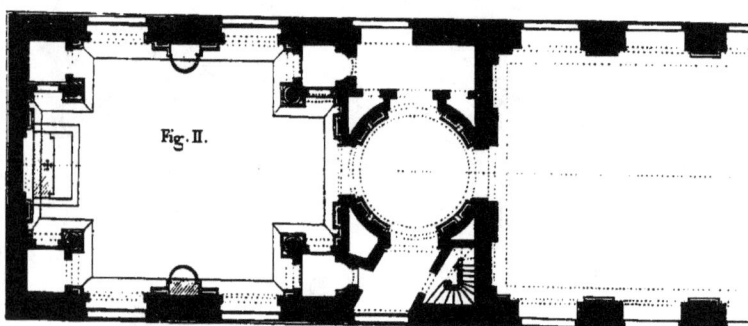

Fig. II.

Echelle de

Blondel del.

Echelle de

Blondel. del inv.

Echelle de

P. Toises

Pl. LII.

DÉCORATION DU BOUT DE LA GALLERIE SERVANT D'ENTRÉE A LA CHAPELLE.

Echelle de   0 pi   1   3 Toises

Blondel inv.   Ransonnette Sculp.

Pl. LIX

DÉCORATION D'UN AUTRE PROJET DE CHAPELLE

Échelle de _____ Toises

Dessiné par P. Patte. Gravé par N. Ransonnette gᵉ Graveur de Monseigneur le R.

PLAN D'UNE SALLE DES BAINS.

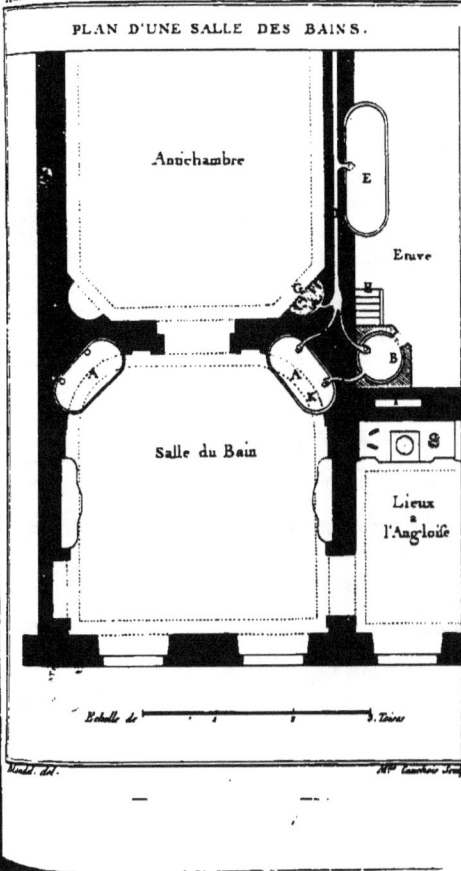

Antichambre

E

Etuve

D

B

Salle du Bain

Lieux
à
l'Angloise

Echelle de   1   2   3. Toises

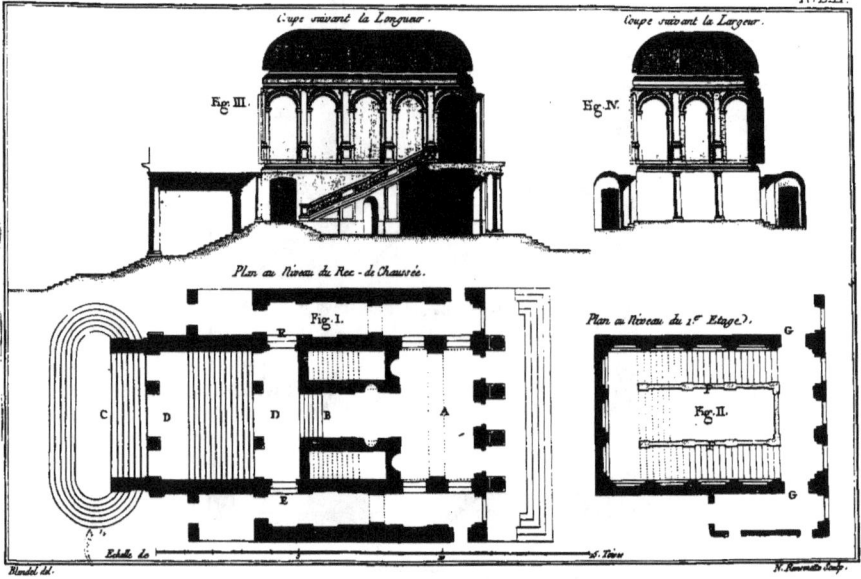

Coupe suivant la Longueur.　　　　　　　　　　Coupe suivant la Largeur.

Fig. III.　　　　　　　　　　　　　　　　　　　　Fig. IV.

Plan au Niveau du Rez-de-Chaussée.

Fig. I.

Plan au Niveau du 1.er Etage.

Fig. II.

Echelle de

Blondel del.　　　　　　　　　　　　　　　　　　　N. Ransonnette Sculp.

PLAN D'UN ESCALIER POUR UN HOTEL ORDINAIRE

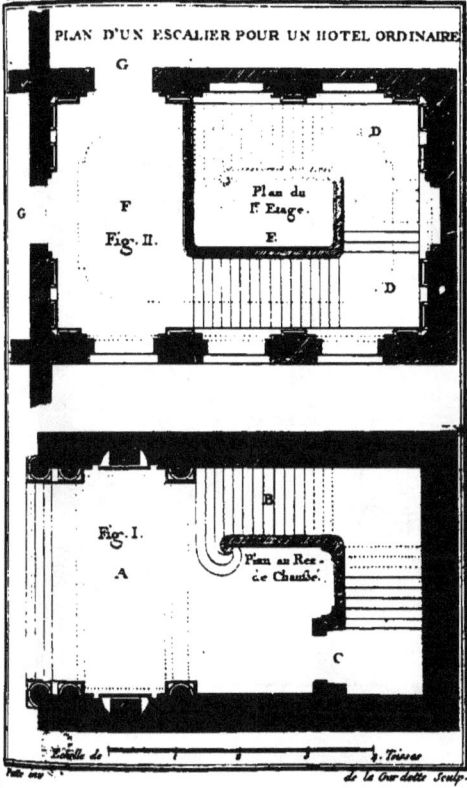

G

F
Fig. II.

Plan du
I.ᵉ Etage.

D

E

D

G

B

Fig. I.

A

Plan au Rez-
ce Chaulee.

C

Pl. LXIII.

COUPE SUR LA LONGUEUR,

DE L'ESCALIER.

Echelle de | 1 2 3 4 Toises

Patte inv. de la Gardette Sculp.

DIFFERENTES CONSTRUCTIONS.

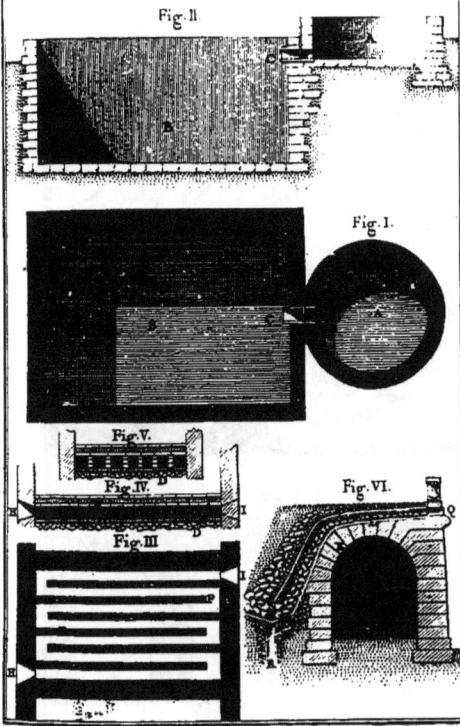

Fig. II.

Fig. I.

Fig. V.

Fig. IV.

Fig. III.

Fig. VI.

Dessiné par P. Petit.   Gravé par N. Ransonnette, Graveur Ord.r de Monsieur.

CONSTRUCTION DES FONDEMENS D'UN BATIMENT.

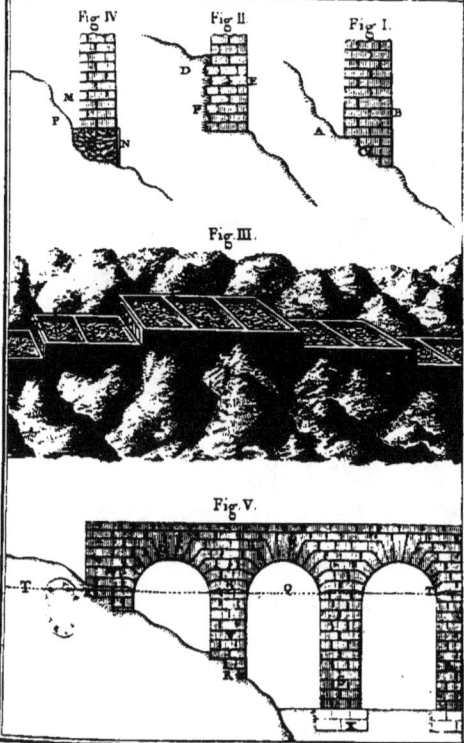

Fig. IV.   Fig. II.   Fig. I.

Fig. III.

Fig. V.

CONSTRUCTION DES FONDEMENS.

Fig. V.   Fig. I.   Fig. VIII   Fig. IX.

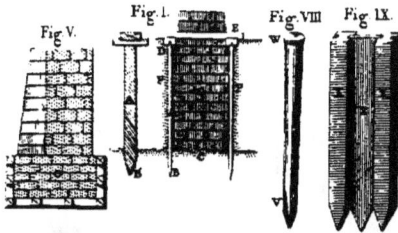

Fig. IV.   Fig. III.

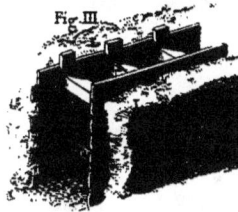

Fig. VI.

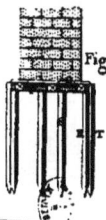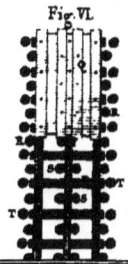

Fig. VII.   Fig.
                                             II.

Dessiné par P. Patte   Gravé par N. Ransonnette, Graveur Ord.re de Monsieur.

CONSTRUCTION DES FONDEMENS.

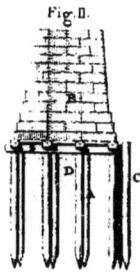

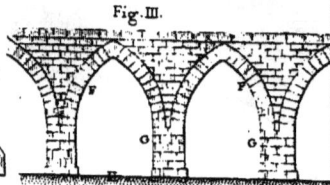

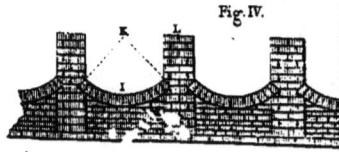

Fig. II.

Fig. I.

Fig. III.

Fig. VII.

Fig. VI.

Fig. IV.

Fig. V.

CONSTRUCTIONS DES ANCIENS.

Fig II.   Fig. I.

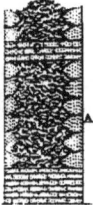 

Fig. IV.   Fig. III.

Fig. VI.   Fig. V.

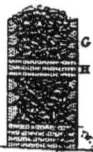 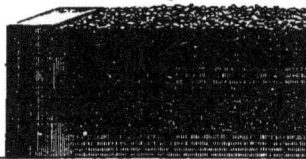

Dessiné par P. Patte.   *Gravé par N. Ransonnette, Graveur de Monsieur.*

CONSTRUCTIONS DES ANCIENS.

Fig. VIII.　　　　　　　　Fig. VII.

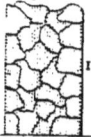

I

Fig. X.　　　　　　　　Fig. IX.

L

Fig. XII　　　　　　　　Fig. XI.

Fig. XIV.　　　　　　　　Fig. XIII.

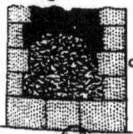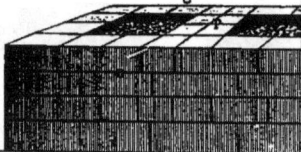

O

Dessiné par P. Patte.　　　　　　　Gravé par N. Ransonnette, Graveur de Monsieur.

Pl. LXX.

FIGURES DES DIFFERENTES VOUTES.

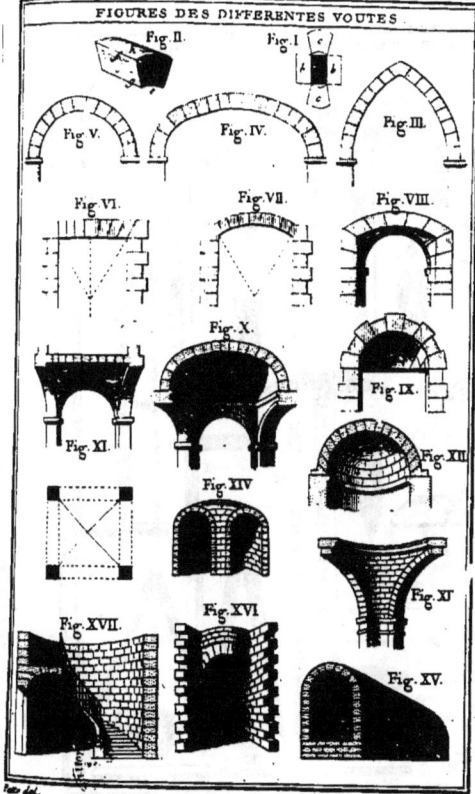

Fig. II.

Fig. I.

Fig. V.

Fig. IV.

Fig. III.

Fig. VI.

Fig. VII.

Fig. VIII.

Fig. X.

Fig. IX.

Fig. XI.

Fig. XII.

Fig. XIV

Fig. XI.

Fig. XVII.

Fig. XVI.

Fig. XV.

Pato del.

Renrranatte Sculp.

OUTILS DES TAILLEURS DE PIERRE ET DES MAÇONS.

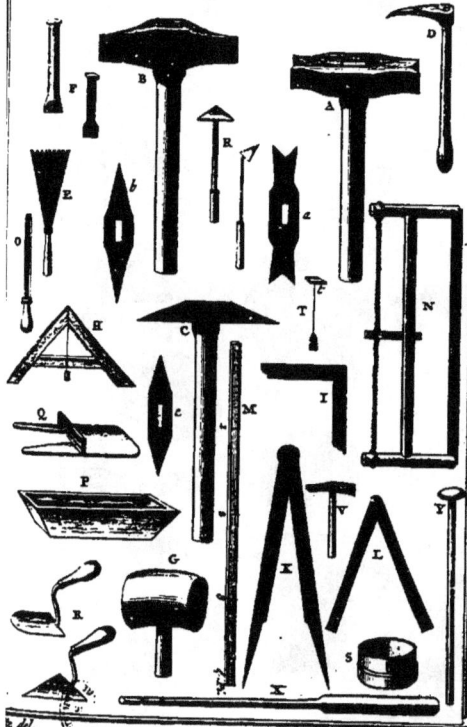

CONSTRUCTION D'UNE CAVE.

Fig. III.

Fig. II.

Fig. I.

DÉTAILS DE CONSTRUCTION.

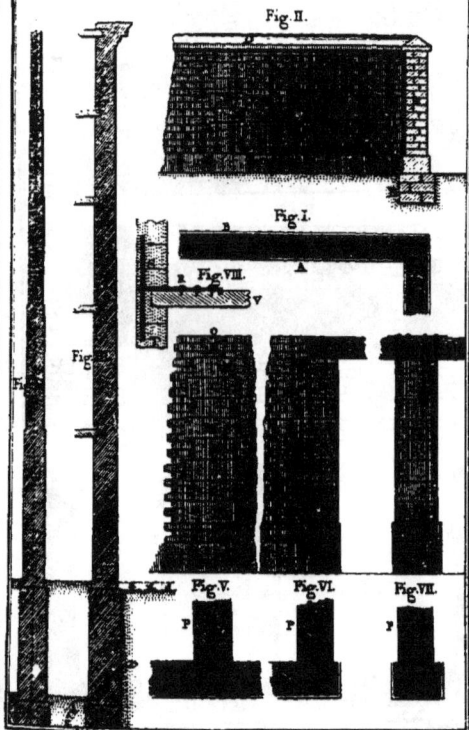

Fig. II.

Fig. I.

B

Fig. VIII.

A

V

Fig.   Fig. V.   Fig. VI.   Fig. VII.

P   P   P

Petit del.   Ransonnette Sculp.

FAÇADE D'UNE MAISON EN PIERRE DE TAILLE.

Fig. III.

Fig. II.

Fig. I.

Echelle de 4 Toises.

Patte del.   de la Gardette Sculp.

FAÇADE D'UNE MAISON EN PIERRE DE TAILLE.

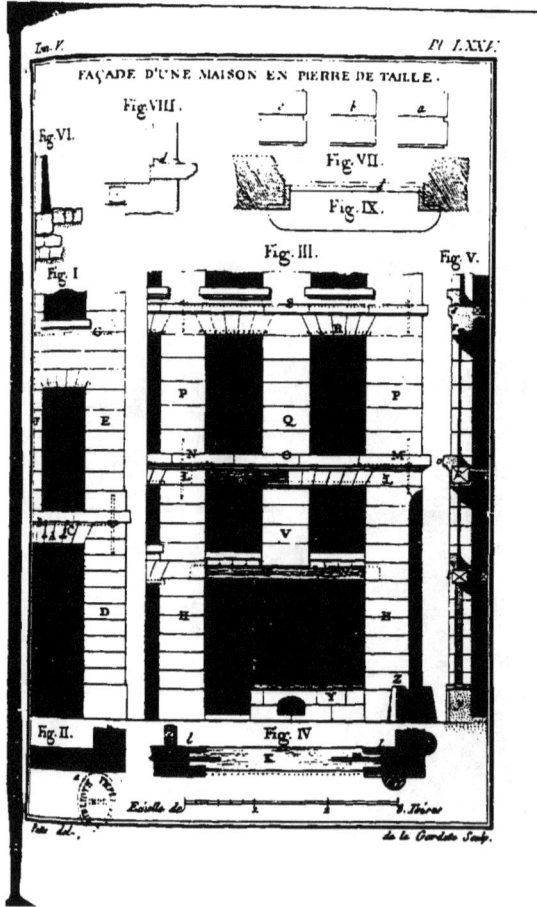

Fig. VIII.

Fig. VI.

Fig. VII.

Fig. IX.

Fig. III.

Fig. I.

Fig. V.

Fig. II.

Fig. IV.

Echelle de

Falis del.

de la Gardete Sculp.

FAÇADE D'UNE MAISON BATIE EN PIERRE ET EN MOILON.

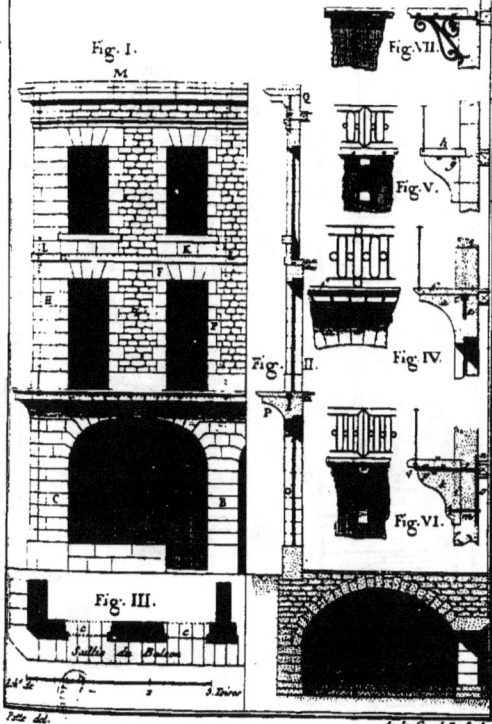

Fig. I.
M

Fig. VII.

Fig. V.

A

Fig. II.

Fig. IV.

P

L

K

H

F

C

B

O

Fig. VI.

Fig. III.

c   c

Toises   Pieds

Échelle   3. Toises

Petit del.   de la Gardette Sculp.

FAÇADE D'UNE MAISON BÂTIE EN PIERRE ET EN BRIQUE

Fig. III.

Profil

Fig. II.

Fig. I.

Plan

Echelle de

Toisr

Fig. II.   Fig. IV.

Fig. I.

Pl. LXXIX.

DIFFERENTES SORTES DE CONSTRUCTIONS

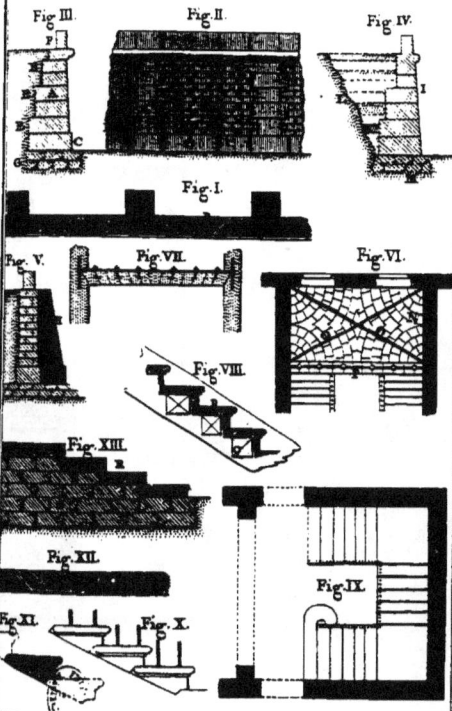

Fig. III.

Fig. II.

Fig. IV.

Fig. I.

Fig. V.

Fig. VII.

Fig. VI.

Fig. VIII.

Fig. XIII.

Fig. XII.

Fig. IX.

Fig. XI.

Fig. X.

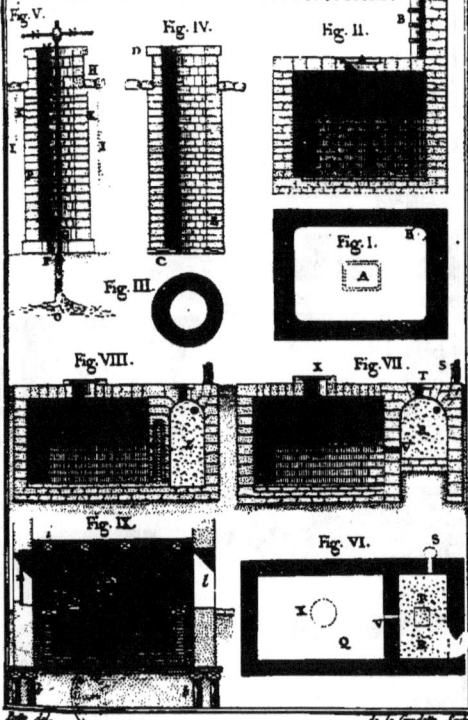

DETAILS DE DIFFERENTES CONSTRUCTIONS.

Fig. V.   Fig. IV.   Fig. II.

Fig. III.   Fig. I.

Fig. VIII.   Fig. VII.

Fig. IX.   Fig. VI.

CONSTRUCTION DES BASSINS.

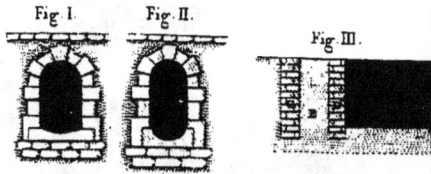

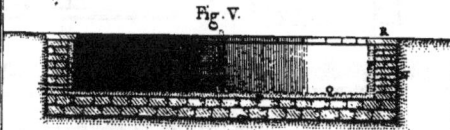

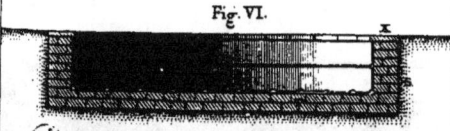

Fig. I.　　　　Fig. II.

Fig. III.

Fig. IV.

Fig. V.

Fig. VI.

Echelle de　　　　　　　　　　　　　　a Pieds

Dessiné par L. Patte.　　　　　　Gravé par N. Ransonnette, Graveur de Monsieur.

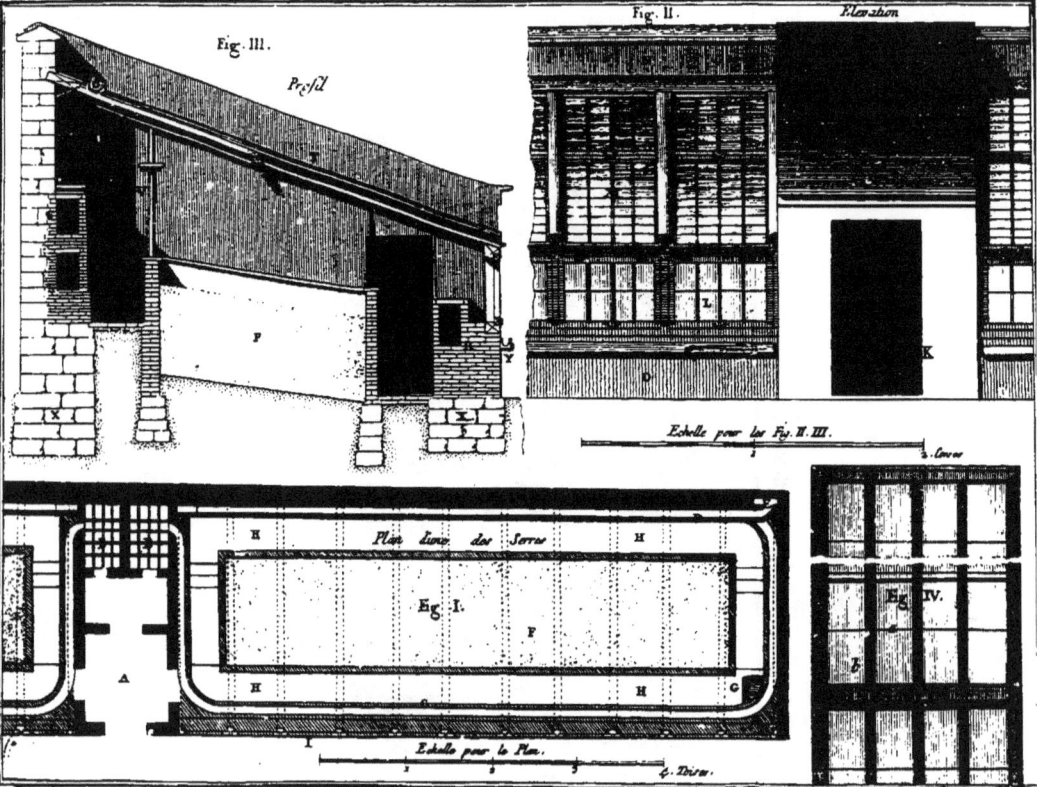

Fig. III.

Profil

Fig. II.   Elevation

Echelle pour les Fig. II. III.

Plan d'une des Serres

Fig. I.

Fig. IV.

Echelle pour le Plan.

CONSTRUCTION D'UNE CHEMINÉE.

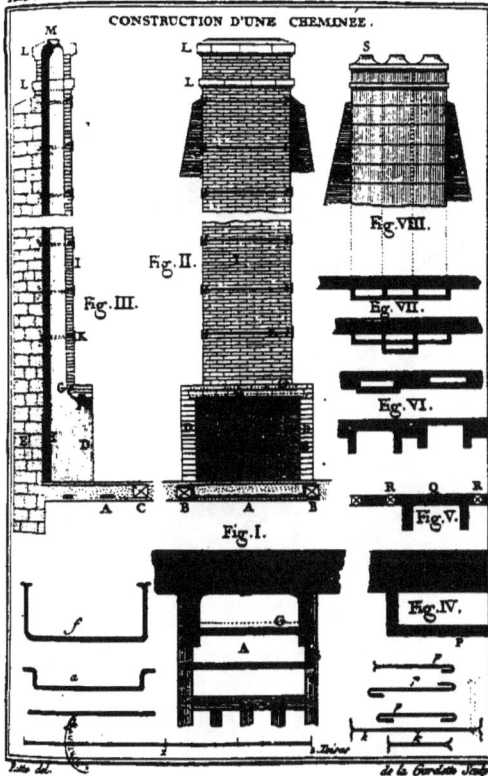

Fig. VIII.

Fig. VII.

Fig. VI.

Fig. V.

Fig. IV.

Fig. III.

Fig. II.

Fig. I.

Peto del.   de la Gardette Sculp.

DIVERSES SORTES DE CONSTRUCTIONS

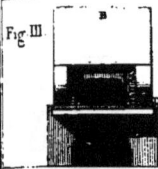

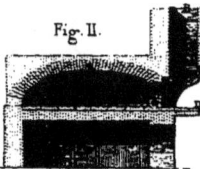

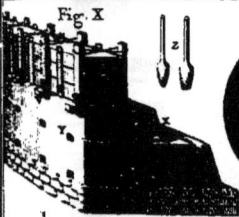

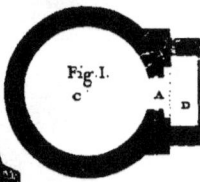

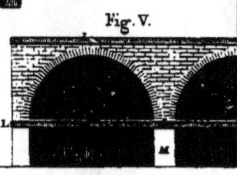

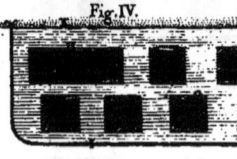

Fig. III.   B   Fig. II.

Fig. X   Z   Fig. I.
                          C   A   D

Fig. VI.   Fig. V.
        R

Fig. IV.
Fig. VII.
Fig. IX.
Fig. VIII.

Dessiné par P. Patte .   Gravé par N. Ransonnette, Graveur du Mon sieur.

MACHINES POUR LA CONSTRUCTION DES BÂTIMENS.

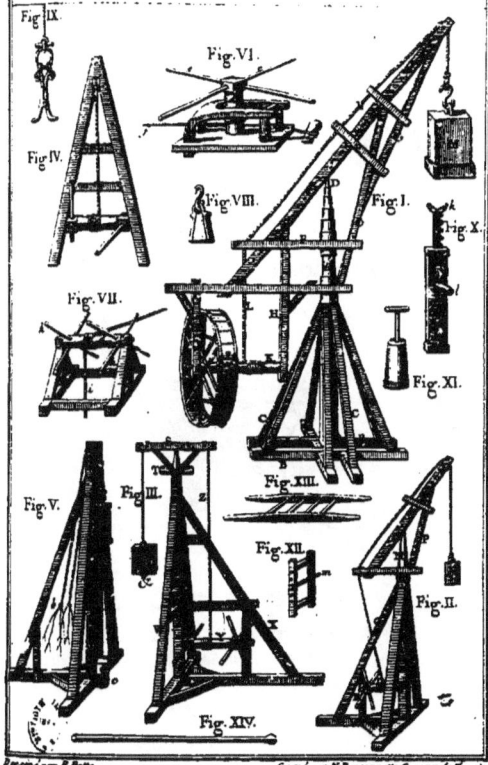

Fig. IX.

Fig. VI.

Fig. IV.

Fig. VIII.

Fig. I.

Fig. X.

Fig. VII.

Fig. XI.

Fig. V.

Fig. III.

Fig. XIII.

Fig. XII.

Fig. II.

Fig. XIV.

Dessiné par P. Patte .   Gravé par N. Ransonnette Graveur de Monsieur.

PLANCHES
POUR LE SIXIÉME VOLUME
DU COURS
D'ARCHITECTURE,
COMMENCÉ
PAR feû J. F. BLONDEL,
ET continué par M. PATTE.

A PARIS,
Chez la Veuve DESAINT, Libraire,
rue du Foin-Saint-Jacques.

M. DCC. LXXVII.
Avec Approbation, & Privilége du Roi.

Pl. LXXXII.

CONSTRUCTION DES VOUTES.

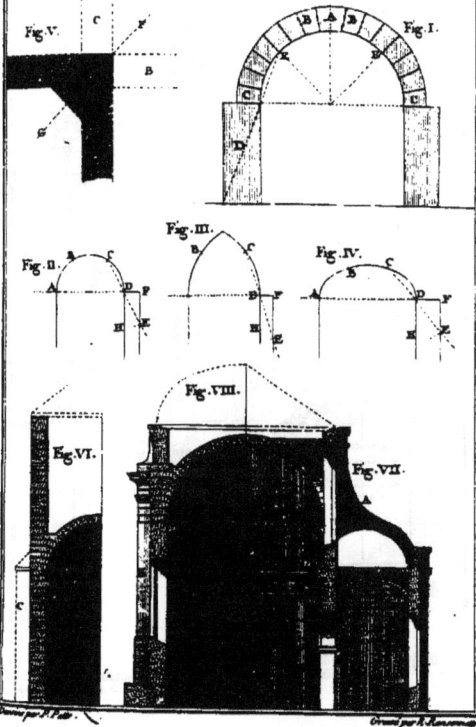

Fig. V.

Fig. I.

Fig. II.

Fig. III.

Fig. IV.

Fig. VI.

Fig. VIII.

Fig. VII.

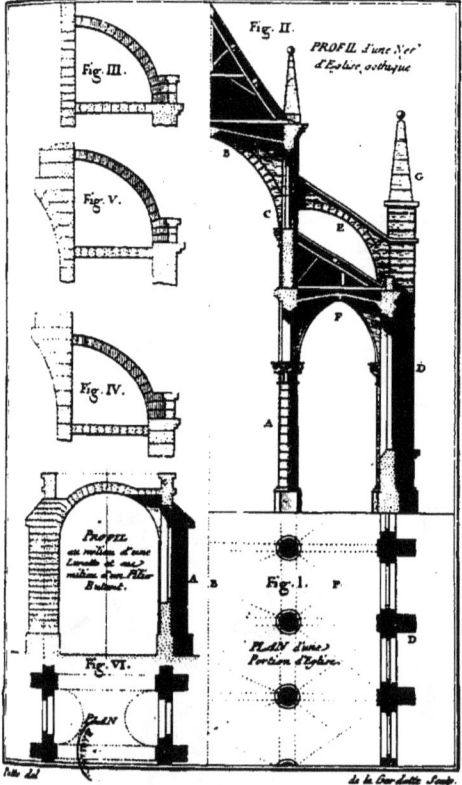

Fig. III.

Fig. V.

Fig. IV.

Fig. II.

PROFIL d'une Nef
d'Eglise gothique

B

C   E

F

G

D

A

PROFIL
au milieu d'une
Lunette et au
milieu d'un Pilier
Butant.

A B

Fig. VI.

Fig. I. P

D

PLAN d'une
Portion d'Eglise.

PLAN

Pitte del.   *de la Gardette Sculp.*

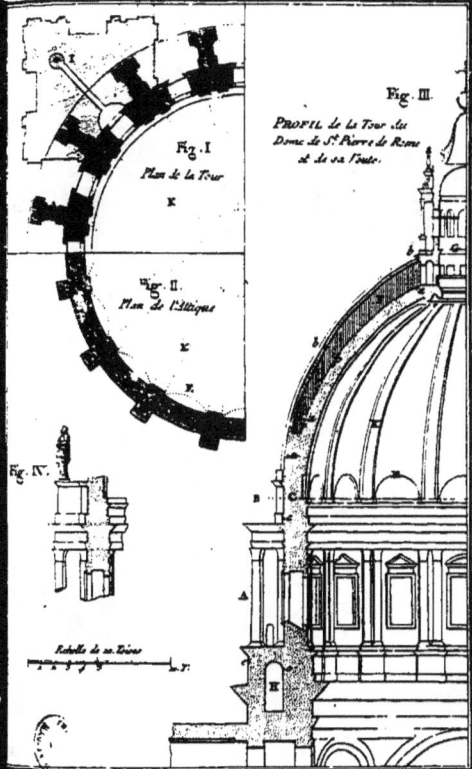

Fig. I
Plan de la Tour

Fig. II
Plan de l'Attique

Fig. IV.

Fig. III

PROFIL de la Tour du
Dome de St. Pierre de Rome
et de sa Voute.

Echelle de 20 Toises.

Foto del.   Le la Gardette Sculp.

Pl. LXXXIX.

CONSTRUCTION DES VOUTES.

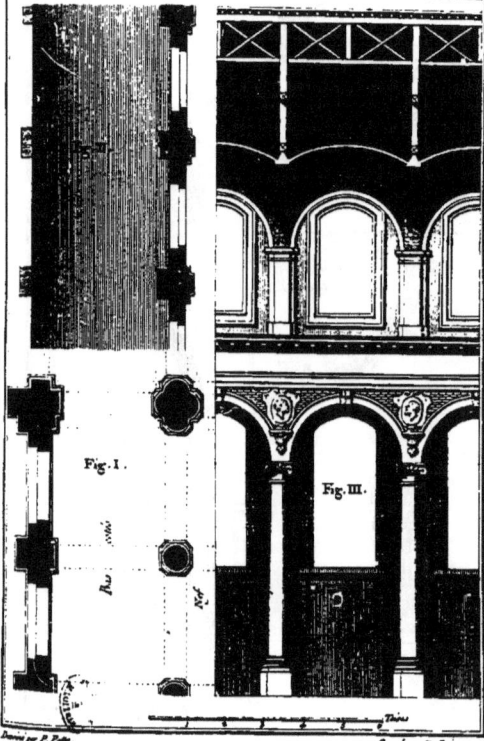

Fig. I.

Nef

Fig. III.

Dessiné par P. Patte.

Gravé par N. Ransonnette.

Pl. LXXXX.

CONSTRUCTION DES VOUTES.

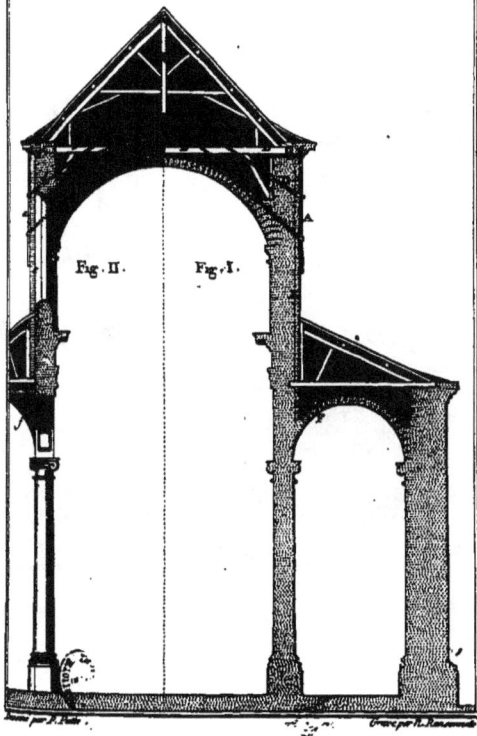

Fig. II.

Fig. I.

Fig. IX.
Appareil d'un
Pendentif.

Plan de la Tour.

Ligne

Fig. VIII.

Fig. VII.

Plan Supérieur du Pendentif.

Fig. III.

Fig. V.
Plan de l'Assise supérieure
du Pendentif.

Fig. IV.
Plan du Pendentif
vu par dessus.

Fig. I.
Plan d'un
Dôme.

Fig. X.
Profil
de l'Aire

Fig. X.
Autre Projet
de l'Aire

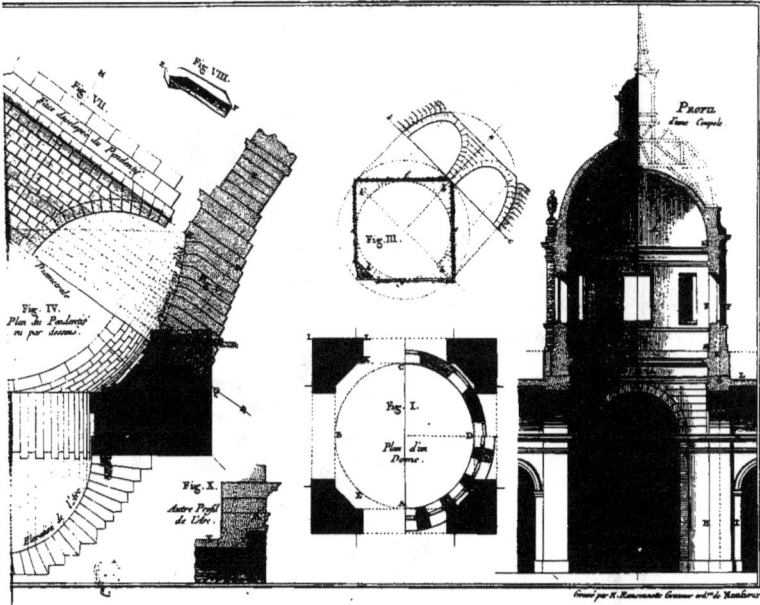

Fig. VIII.

Fig. VII.
Plan superieur de Pendentif

Prora
d'une Coupole

Fig. III.

Fig. IV.
Plan du Pendentif
vu par dessus

Fig. I.
Plan d'un
Dome.

Fig. X.
Autre Profil
de l'Abr.

Gravé par N. Ransonnette Graveur ord.re de Monsieur

Pl. LXXXXII.

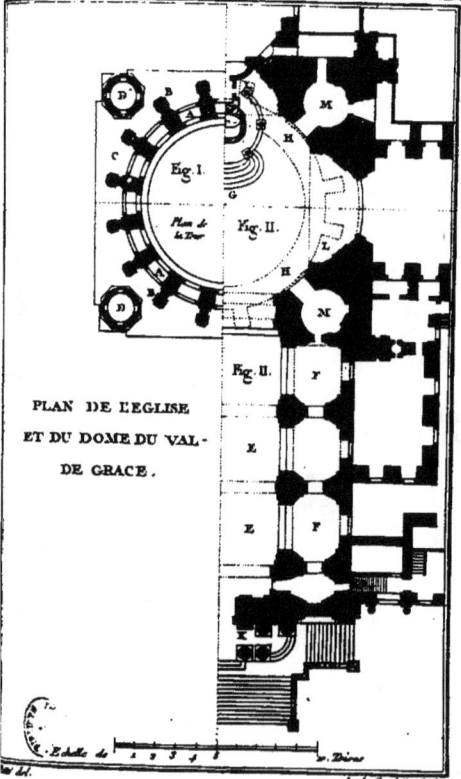

Fig. I.

Plan de la Tour

Fig. II.

PLAN DE L'EGLISE
ET DU DOME DU VAL-
DE GRACE.

Echelle de 1 2 3 4 8 Toises

de la Gardette Sculp.

Pl. LXXXXIII.

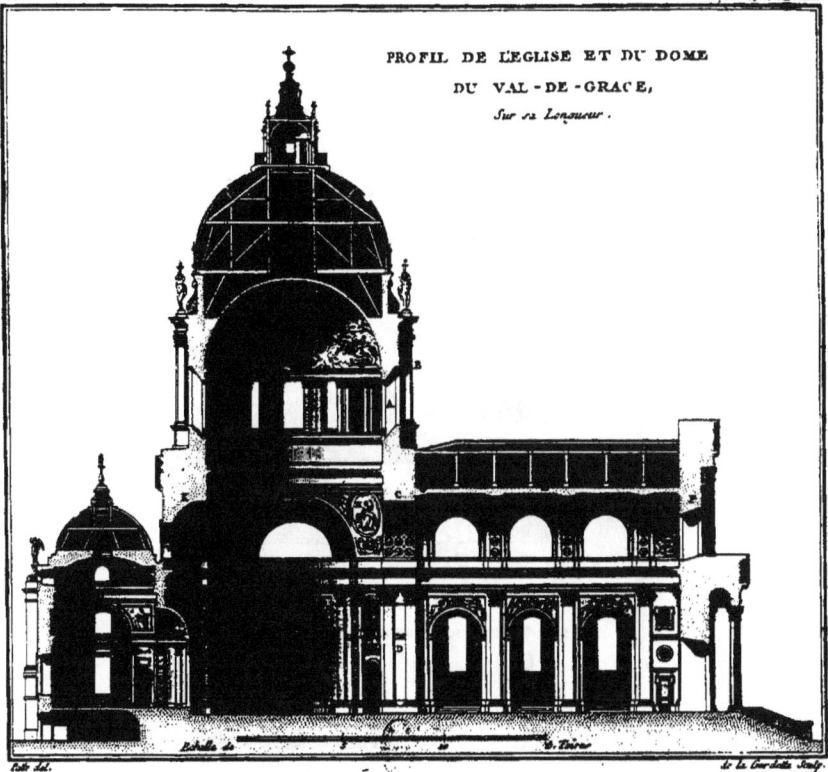

PROFIL DE L'EGLISE ET DU DOME
DU VAL-DE-GRACE,
Sur sa Longueur.

Pl. LXXXIV.

CONSTRUCTION DES VOUTES PLATES.

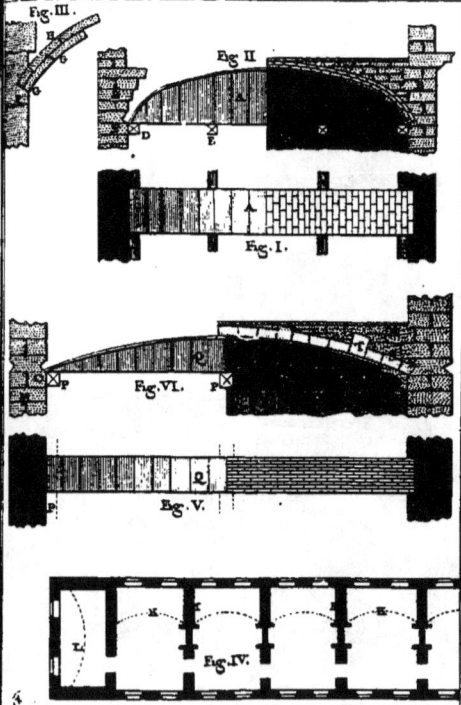

Fig. III.

Fig. II.

Fig. I.

Fig. VI.

Fig. V.

Fig. IV.

Dessiné par P. Patte.
Gravé par R. Benard.

CONSTRUCTION DES VOUTES PLATES.

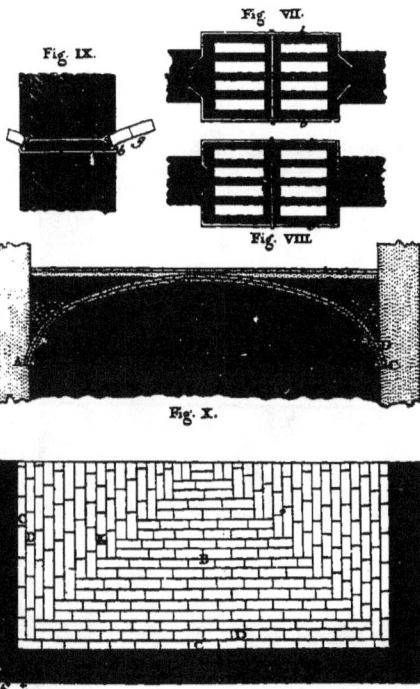

Fig. VII.

Fig. IX.

Fig. VIII.

Fig. X.

Dessiné par F. Feu.   Gravé par N. Ransonnette.

CONSTRUCTION DES VOUTES PLATES.

Fig. XI.

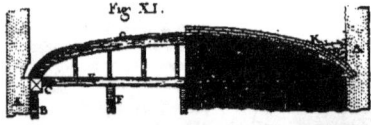

Fig. XIII.

Fig. XV.

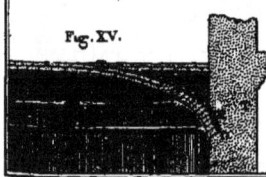

Fig. XIV.

Dessiné par P. Patte.   Gravé par N. Ransonnette.

CONSTRUCTION DES VOUTES PLATES.

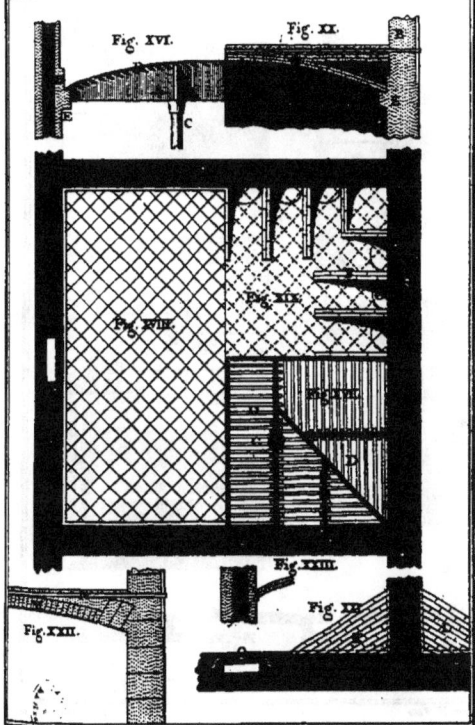

Fig. XVI.   Fig. XX.

Fig. XVIII.   Fig. XIX.

Fig. XXIII.

Fig. XXII.   Fig. XXI.

Dessiné par P. Patte.   Gravé par N. Ransonnette.

CONSTRUCTION DES TERRASSES.

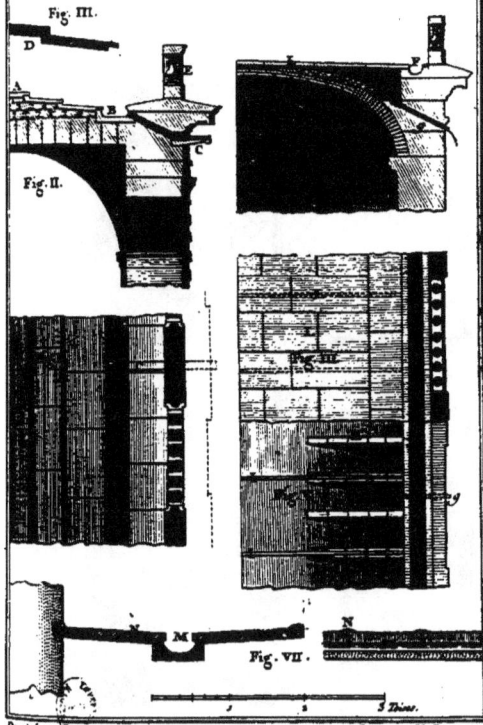

Fig. III.

Fig. II.

Fig. VII.

Dessiné par E. Feti.   Gravé par N. Ranconette.

CONSTRUCTION DES TERRASSES.

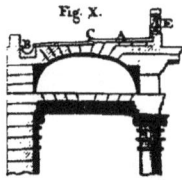

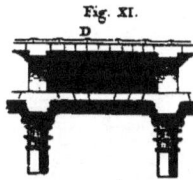

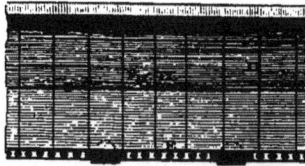

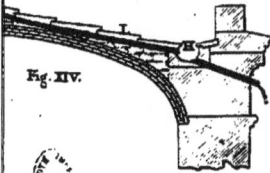

Fig. X.   Fig. XI.

Fig. XIII.

Fig. XIV.

CONSTRUCTION DES COMBLES.

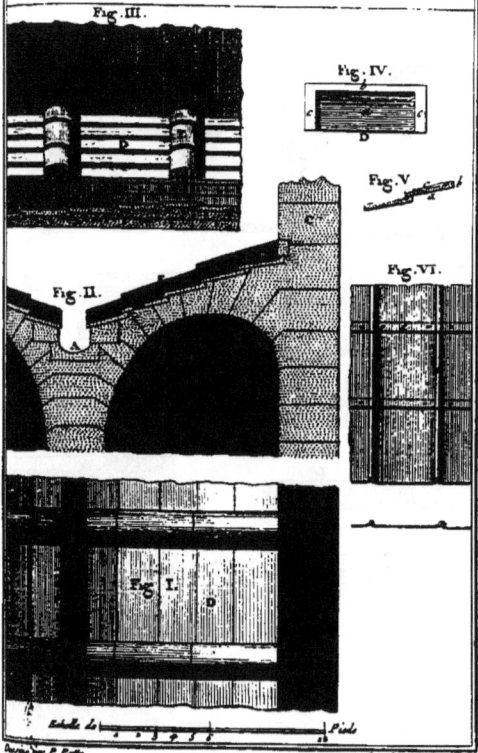

Fig. III.

Fig. IV.

Fig. V.

Fig. II.

Fig. VI.

Fig. I.

Echelle de   Pieds

Dessiné par P. Patte.   Gravé par R. Benard.

CONSTRUCTION DES COMBLES.

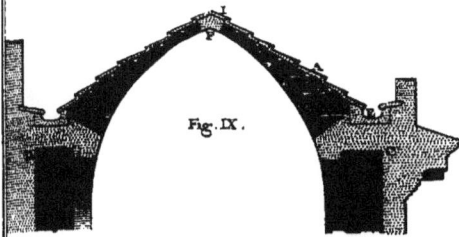

Fig. IX.

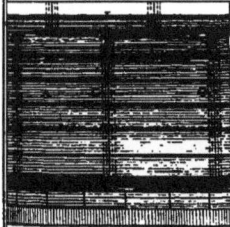

Fig. VIII.

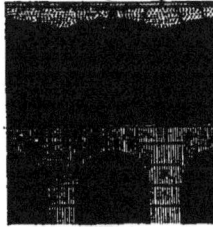

Fig. X.

Fig. VII.

Fig. XI.

Fig. XII.

Echelle de ... Pieds

Dessiné par N.te Roin.   Gravé par R. Benrenouin.

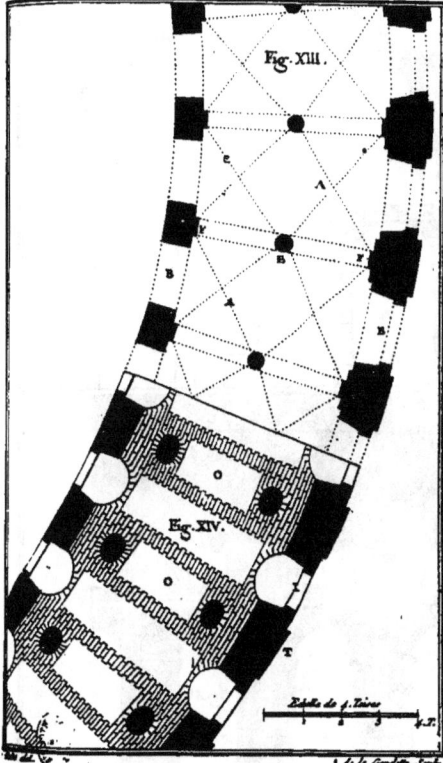

Fig. XIII.

Fig. XIV.

Echelle de 4 Toises

de la Gardette Sculp.

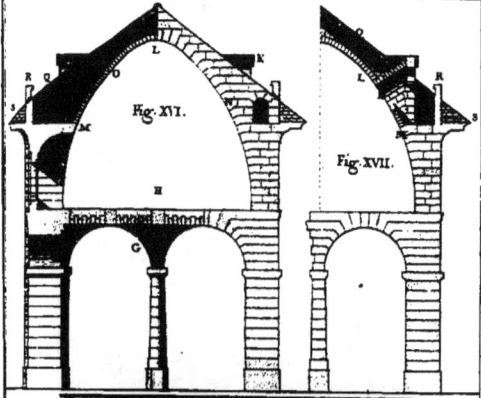

Fig. XVI.   Fig. XVII.

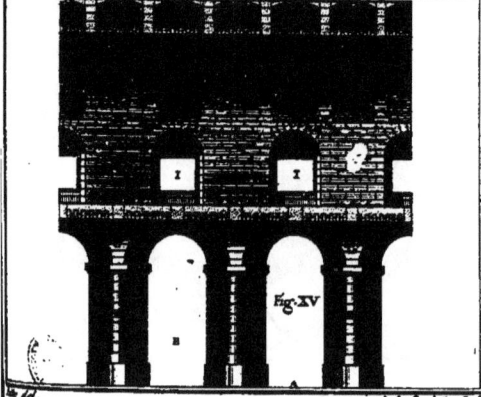

Fig. XV

Pl. VI. CONSTRUCTION DES COMBLES. Pl. CIV.

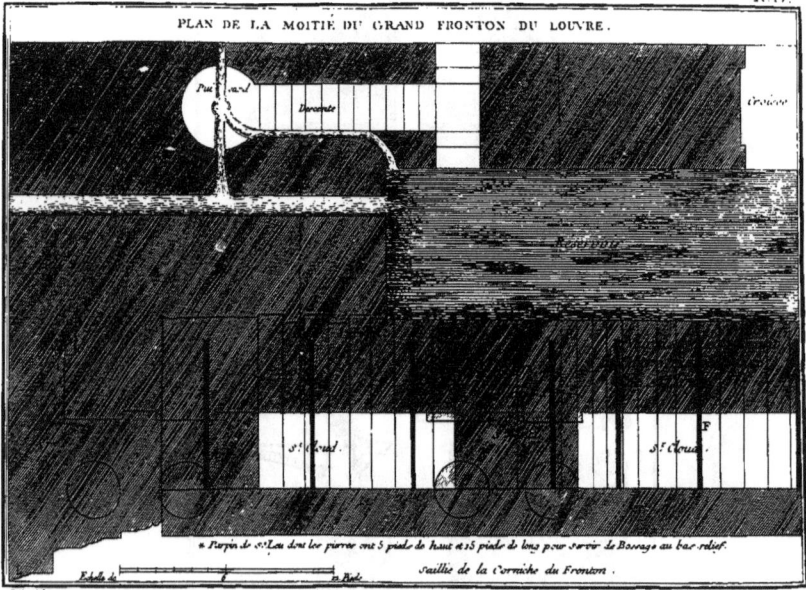

PLAN DE LA MOITIE DU GRAND FRONTON DU LOUVRE.

CONSTRUCTION DU GRAND FRONTON

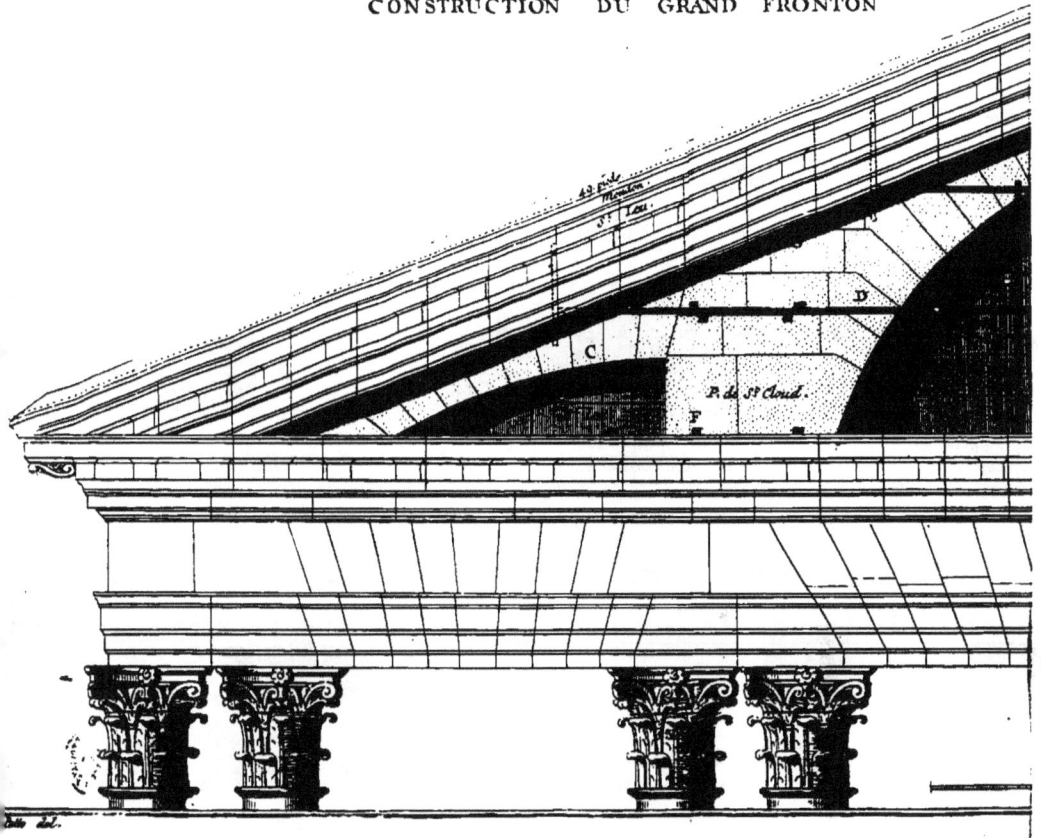

43.e fiste
Mentan
Leu

D

C

P. de St Cloud.

F

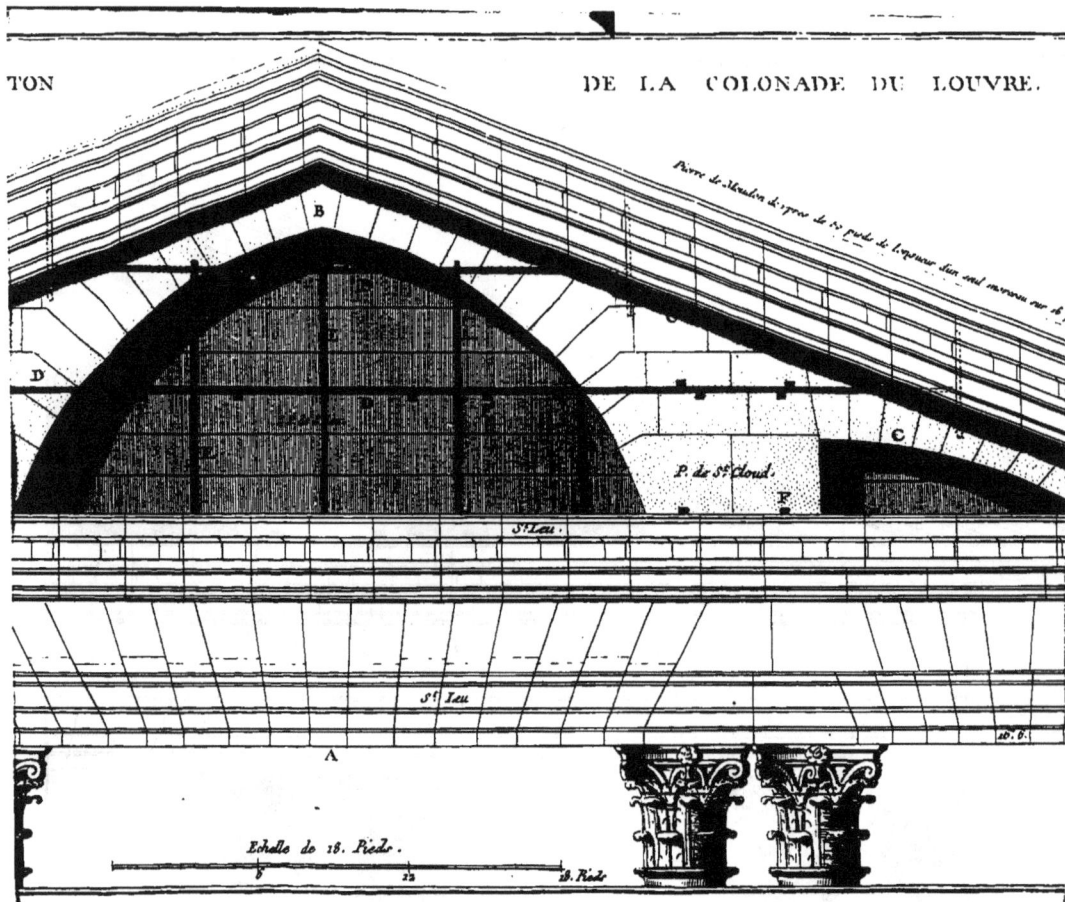

Echelle de 18. Pieds.

Pl. CVI.

DE LA COLONADE DU LOUVRE.

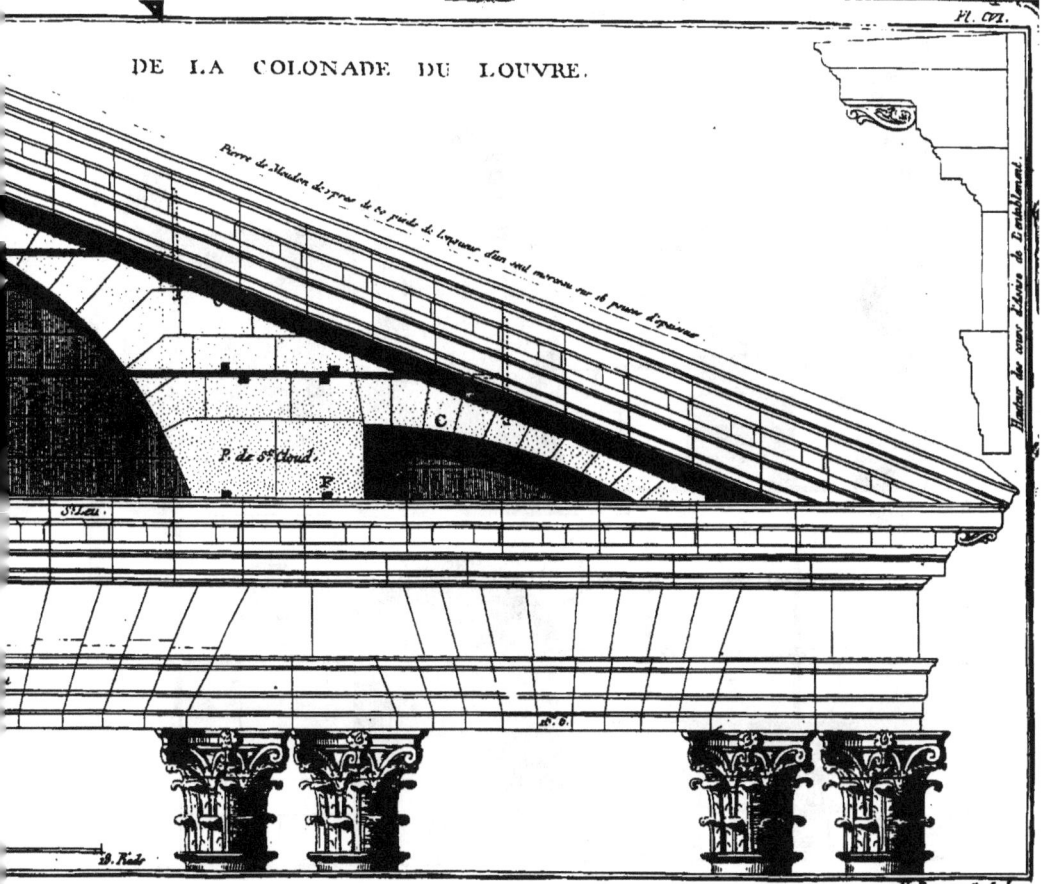

Pierre de Meulan de pierre de 9 pieds de longueur d'un seul morceau sur la pente d'épaisseur

Hauteur du cour L'arrise de l'entablement.

P. de St Cloud.

C

F

St Leu

N° 6.

D. Nads

N. Ransonnette Sculp.

Pl. CVII.

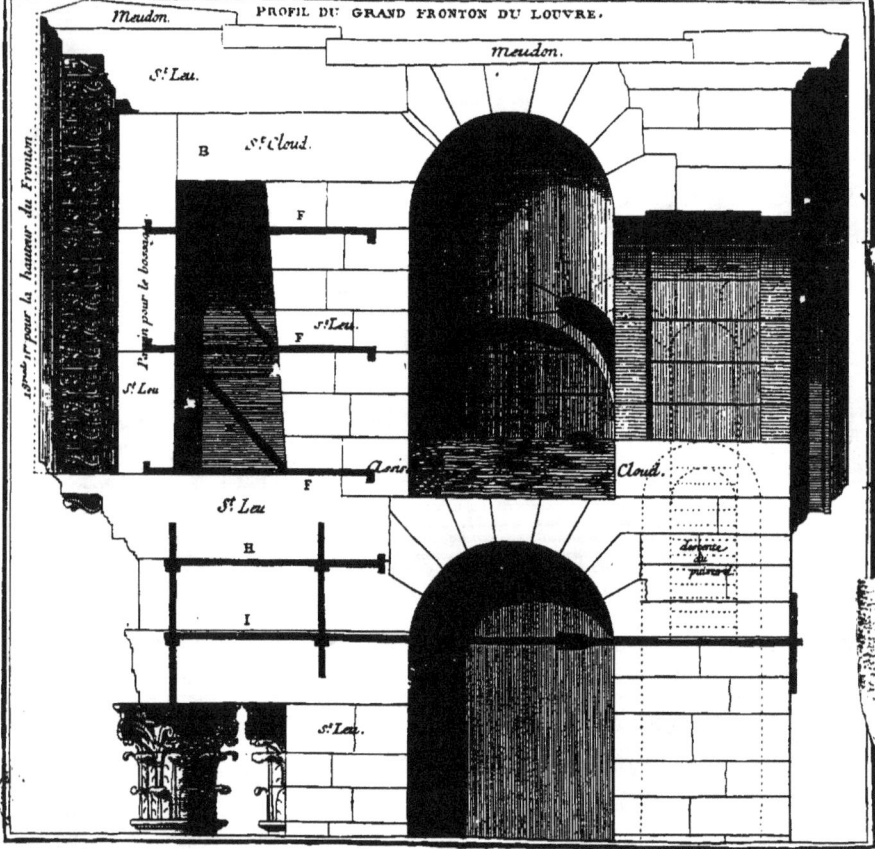

PROFIL DU GRAND FRONTON DU LOUVRE.

CONSTRUCTION D'UN PONT.

Fig. II.

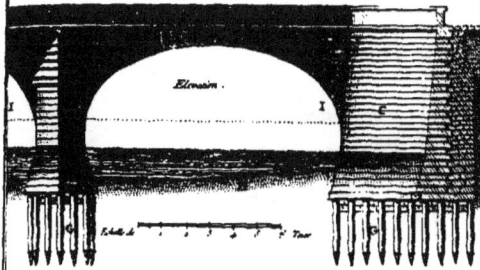

Elevation.

II   I   C

C   *Echelle de*   *Tour.*

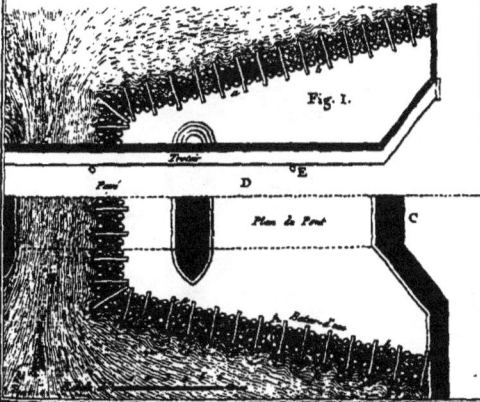

Fig. I.

Profil.

o   D   E

Pavé   Plan du Pont   C

Dessiné par P. Patte.   Gravé par N. Ransonnette.

SUITE DE LA CONSTRUCTION D'UN PONT.

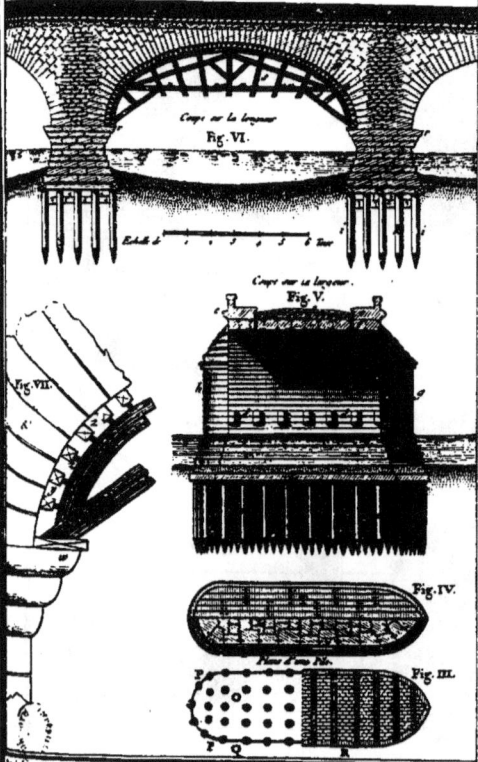

Coupe sur la longueur

Fig. VI.

Echelle de

Coupe sur la largeur.

Fig. V.

Fig. VII.

Fig. IV.

Plan d'une Pile.

Fig. III.

Publié par P. Petit.

Gravé par H. Rousseau.

Fig. I.

Moitié du Plan du Rez - de Chaussée

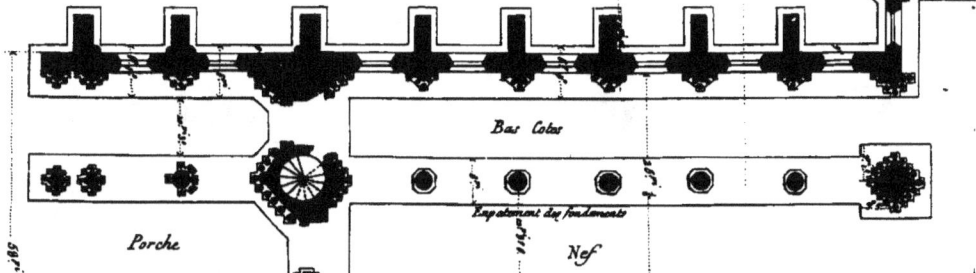

A

Bas Cotés

Empatement des fondements

Porche

Nef

Orgue

Fig. II.

Moitié du Plan a la Hauteur de la première Gallerie

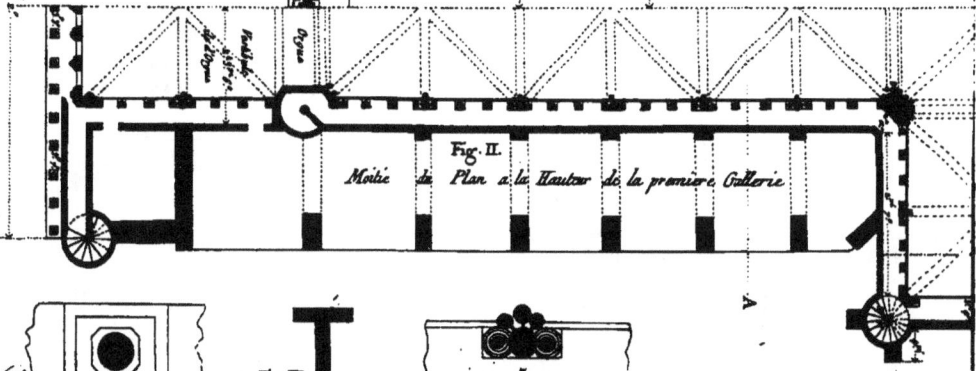

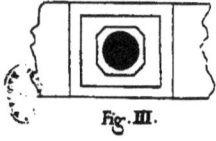

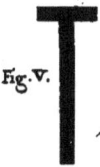

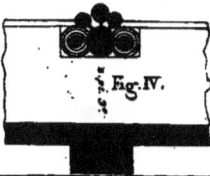

A

Fig. V.

Fig. IV.

Fig. III.

Echelle de

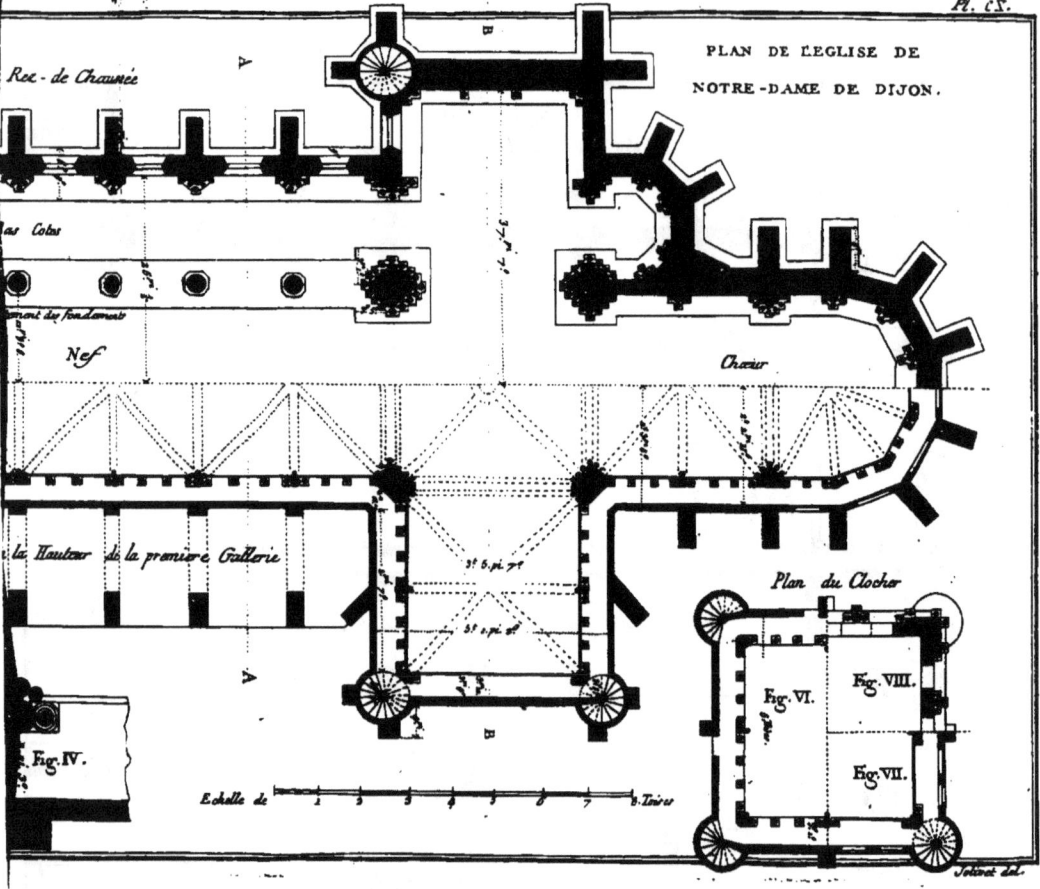

Pl. CX.

PLAN DE L'ÉGLISE DE
NOTRE-DAME DE DIJON.

Rez - de Chaussée

Bas Cotes

Nef

Chœur

la Hauteur de la première Gallerie

Plan du Clocher

Fig. IV.

Fig. VI.

Fig. VIII.

Fig. VII.

Echelle de

B. Toises

Jolivet del.

Pl. CXI.

Fig. XI.
Developement des Galleries
et d'un Arc-boutant.

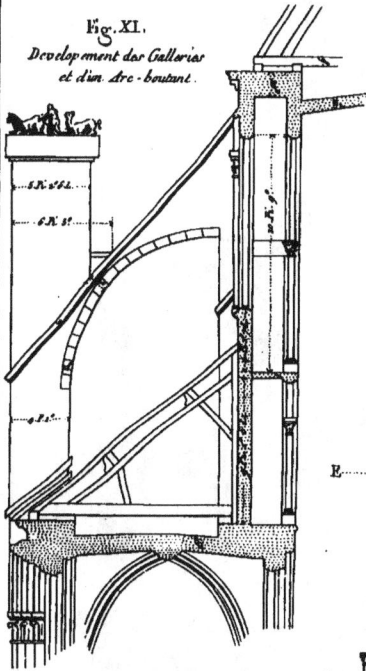

COUPE DE L'EGLISE DE
NOTRE DAME DE DIJON.

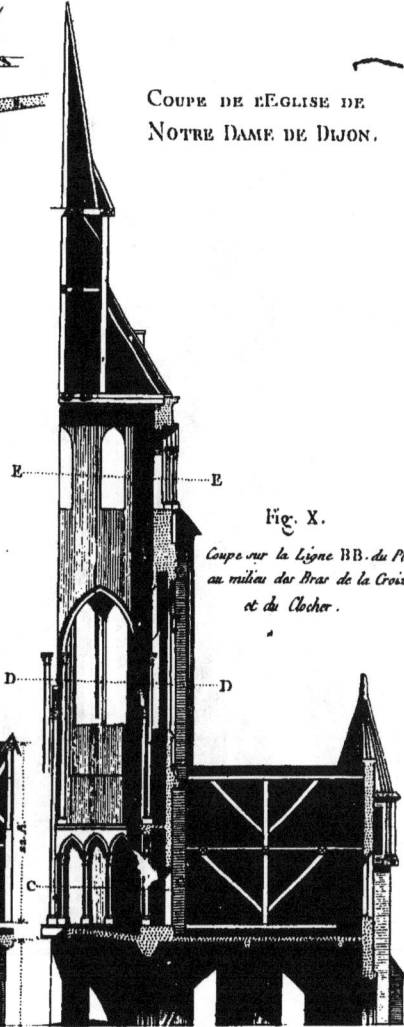

E   E

Fig. X.

Coupe sur la Ligne BB. du Plan
au milieu des Bras de la Croix
et du Clocher.

D   D

Fig. IX.
de le
le
AA. du
Plan.

C

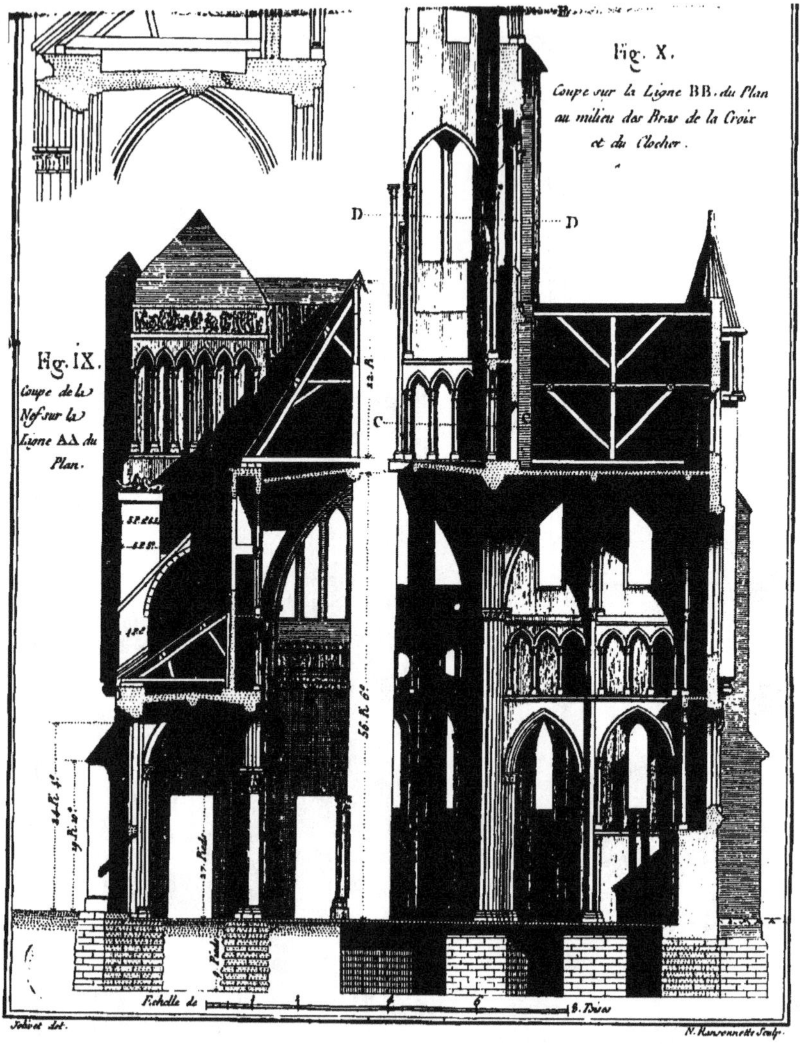

Fig. X.

Coupe sur la Ligne BB. du Plan au milieu des Bras de la Croix et du Clocher.

D   D

Fig. IX.

Coupe de la Nef sur la Ligne AA du Plan.

Echelle de

ASSEMBLAGES DE CHARPENTE.

Fig. I.

Fig. II.

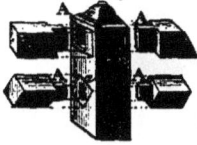

Fig. III. 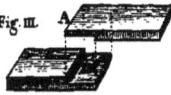 Fig. IV.

Fig. V.

Fig. VII.

Fig. VI.

Patte del.

N. Ransonnette Sculp.

ASSEMBLAGES DE CHARPENTE.

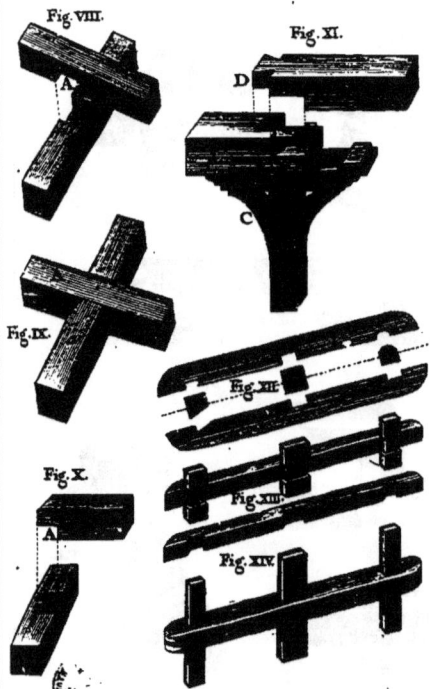

Fig. VIII.

A

Fig. XI.

D

C

Fig. IX.

Fig. XII.

Fig. X.

A

Fig. XIII.

Fig. XIV.

Lotte del.   N. Ransonnette Sculp.

DETAILS DE CHARPENTE.

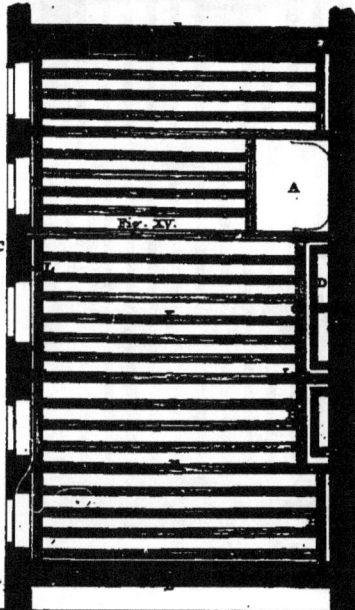

Fig. XVI.

Fig. XV.

Dessiné par P. Patte.   Gravé par R. Benard.

DETAILS DE CHARPENTE

Fig. XX.

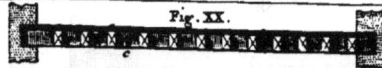

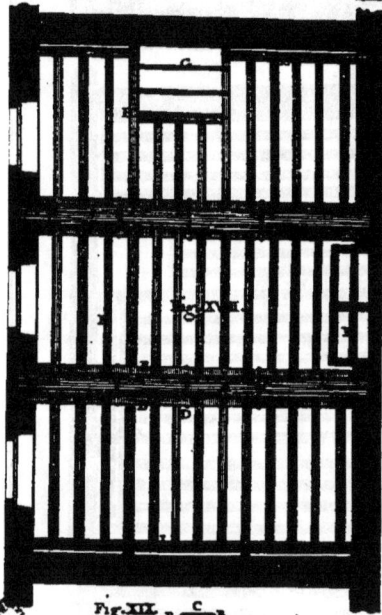

Fig. XII.

DETAILS DE CHARPENTE.

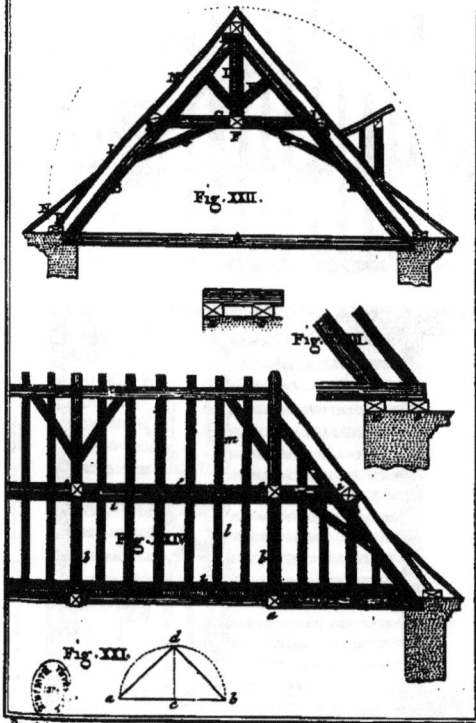

Fig. XIII.

Fig. II.

Fig. XIV.

Fig. XII.

Dessiné par P. Patte.
Gravé par R. Benard.

Pl. CVII.

DETAILS DE CHARPENTE.

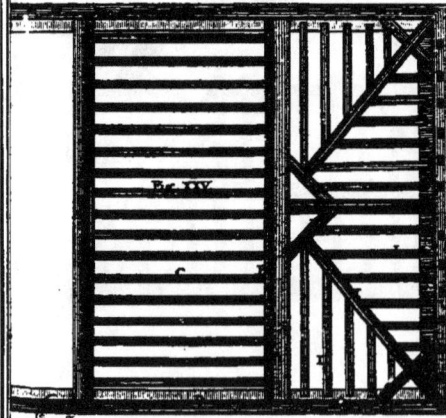

DETAILS DE CHARPENTE.

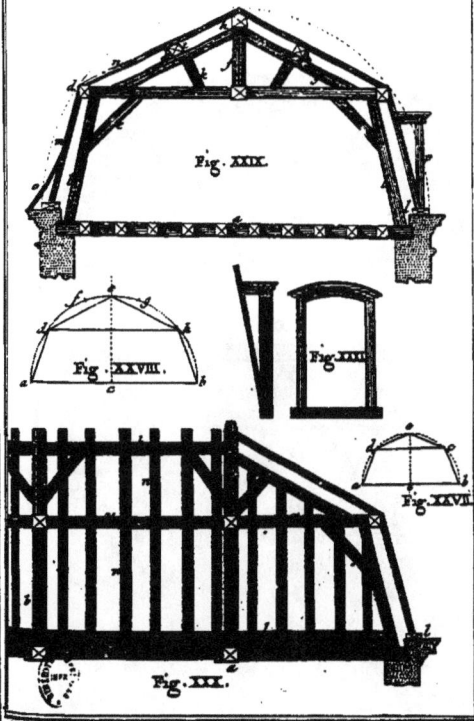

Fig. XXIX.

Fig. XXVIII.

Fig. XXIII.

Fig. XXVII.

Fig. XXX.

Dessiné par P. Patte.

Gravé par R. Benard.

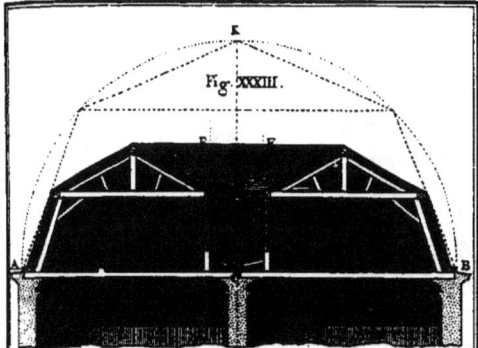

Fig. XXXIII.

Fig. XXXII.

DETAILS DE CHARPENTE.

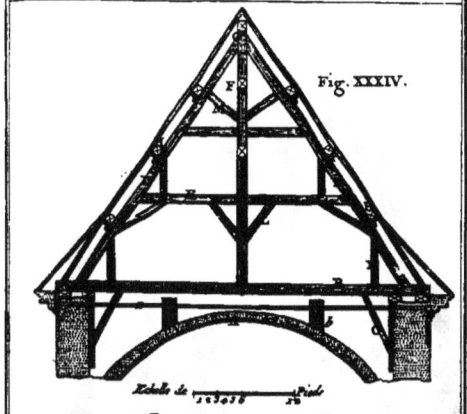

Fig. XXXIV.

Echelle de ——————— Pied.

Fig. XXXV.

Del.... P. Patte.

Gravé par L. Roumanille.

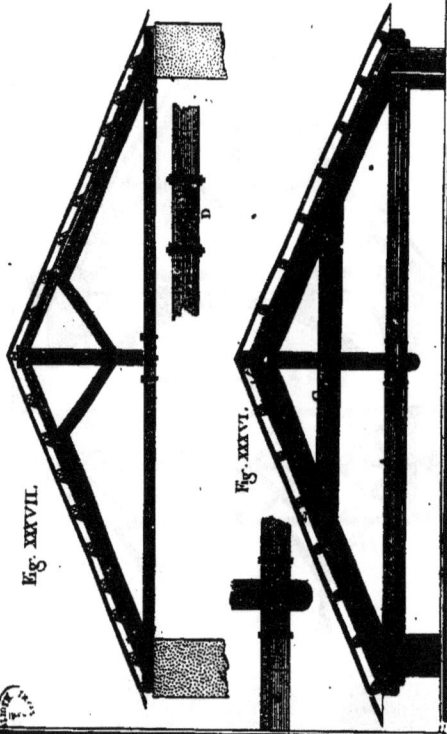

Fig. XXVII.

Fig. XXVI.

Pl. CXXIII.

DETAILS DE CHARPENTE.

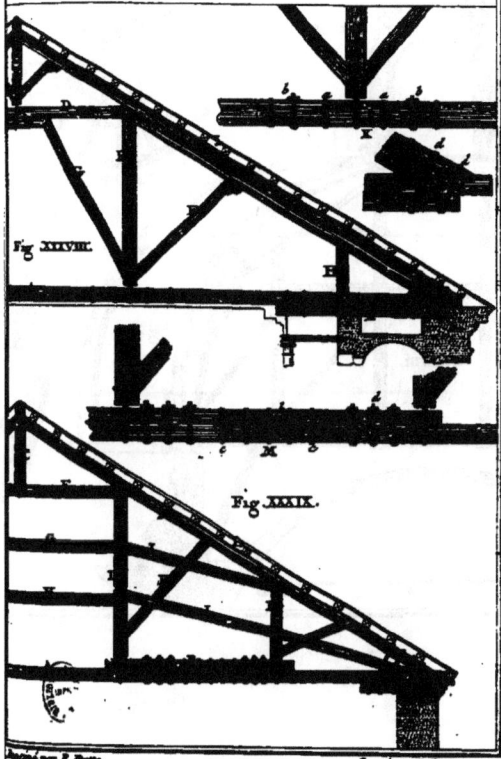

Fig XXXVIII.

Fig XXXIX.

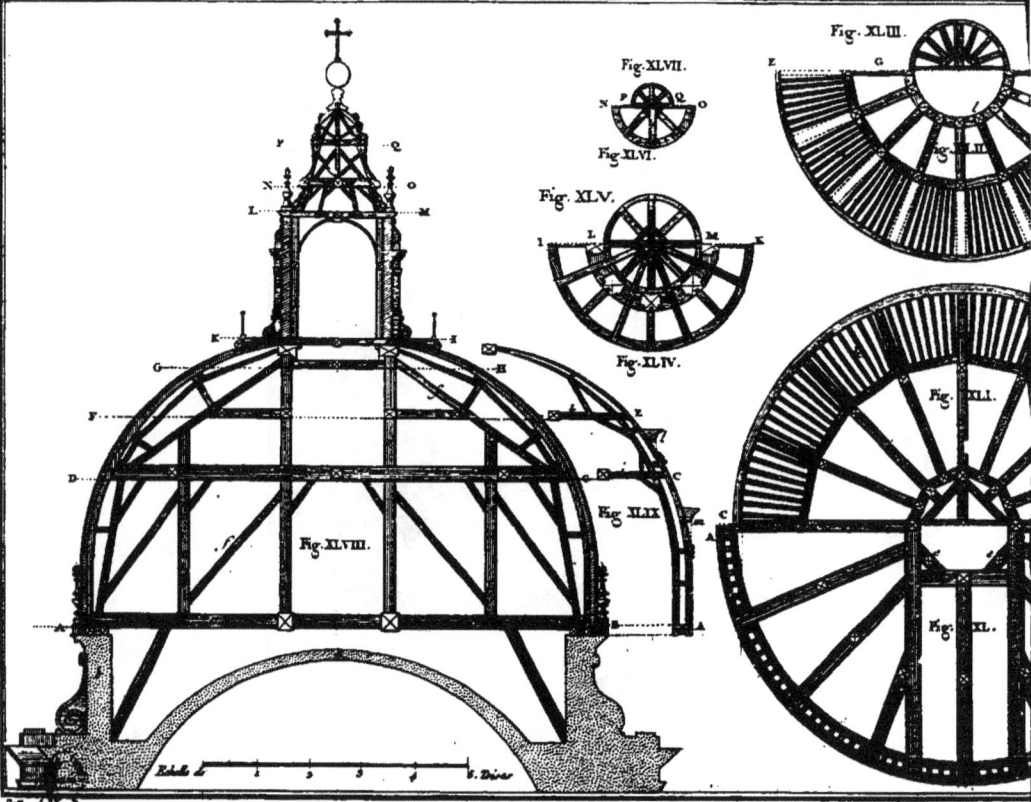

Fig. XLVII.

Fig. XLVI.

Fig. XLV.

Fig. XLIV.

Fig. XLIII.

Fig. XLII.

Fig. XLI.

Fig. XL.

Fig. XLIX.

Fig. XLVIII.

Echelle   S. Diner

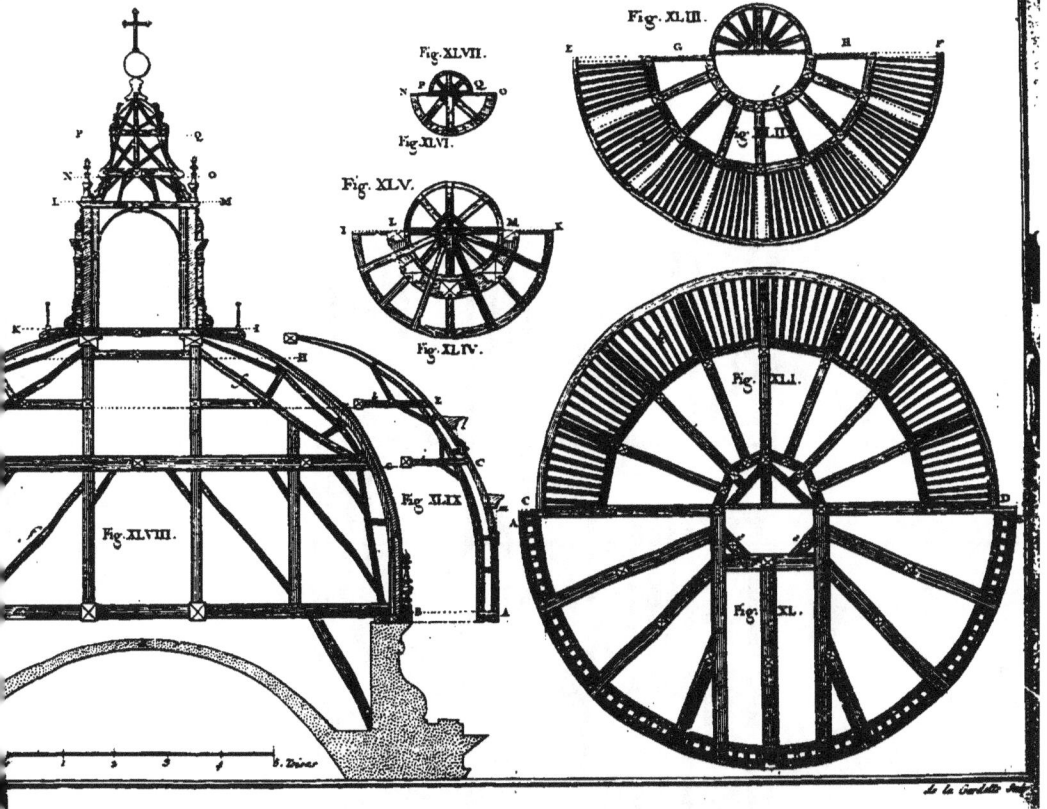

Fig. XLVII.

Fig. XLVI.

Fig. XLV.

Fig. XLIV.

Fig. XLIII.

Fig. XLII.

Fig. XLI.

Fig. XL.

Fig. XLIX.

Fig. XLVIII.

de la Gardette Sculp.

DETAILS DE CHARPENTE.

Fig. LI.   Fig. L.

Fig. LII.

Dessiné par P. Patte.   Gravé par E. Bernomette.

Pl. CXXI

DÉTAILS DE LA CHARPENTE D'UN ESCALIER.

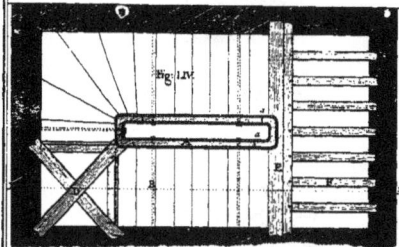

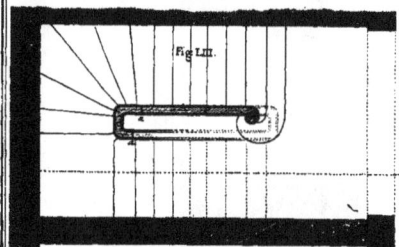

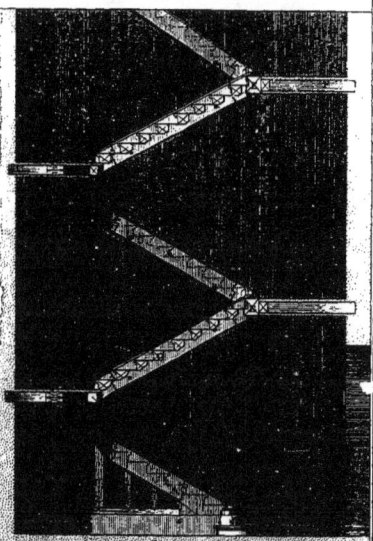

Fig. LIV.

Fig. LIII.

COUVERTURE EN TUILES.

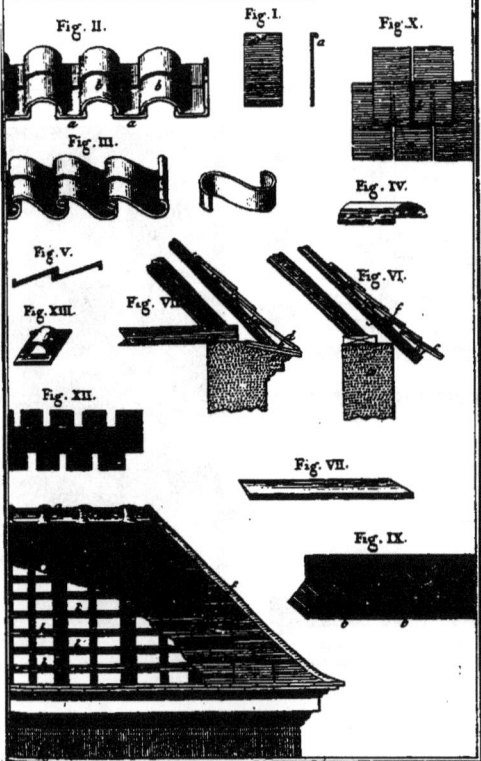

Fig. II.

Fig. I.

Fig. X.

Fig. III.

Fig. IV.

Fig. V.

Fig. VI.

Fig. XIII.

Fig. VIII.

Fig. XII.

Fig. VII.

Fig. IX.

Petit del.   *Gravé par N. Ransonnette.*

COUVERTURE EN ARDOISES.

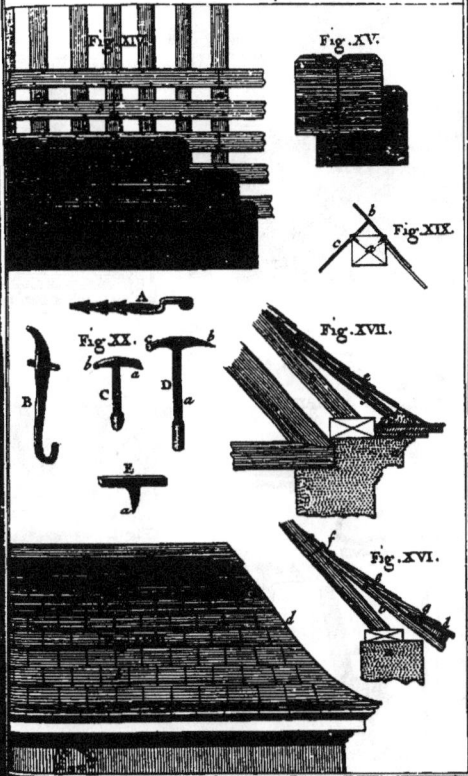

Fig. XIV.

Fig. XV.

Fig. XIX.

Fig. XVII.

Fig. XX.

Fig. XVI.

Dessiné par R. Patte.   Gravé par R. Benard.

Pl. CXXIII.

PLOMBERIE.

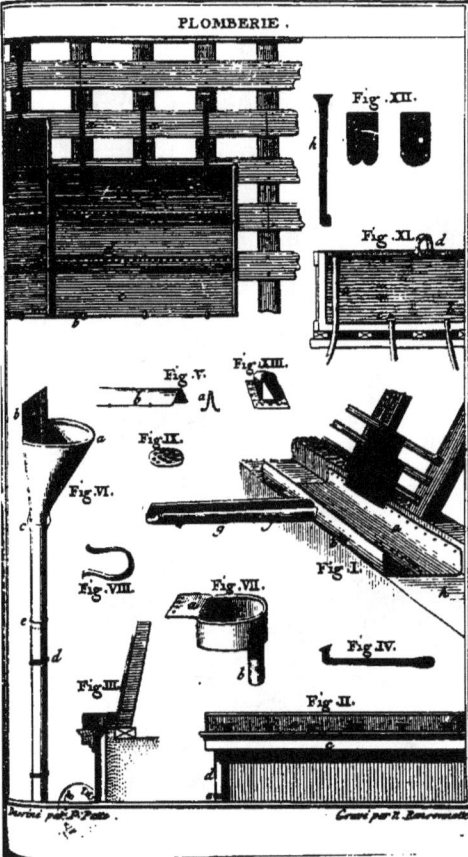

ASSEMBLAGES DE MENUISERIE.

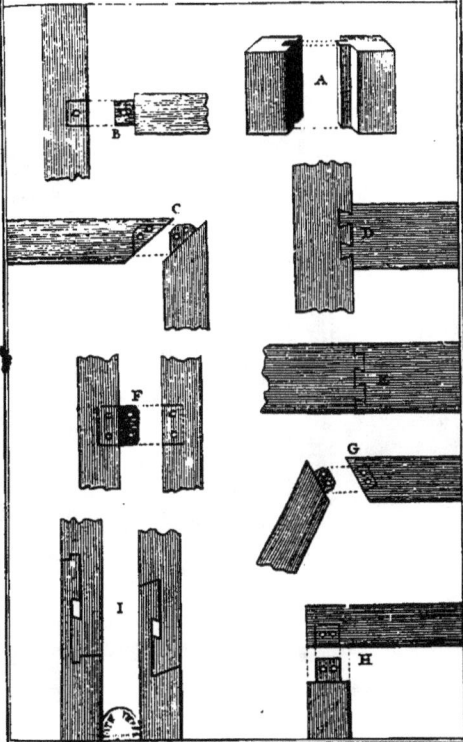

Pl. CXX.

DÉTAILS DE MENUISERIE.

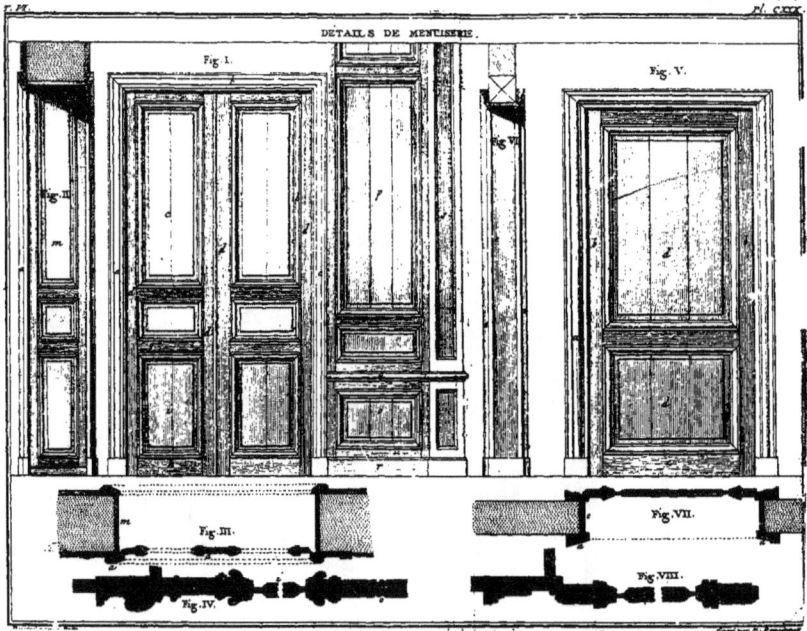

Fig. I.

Fig. II.

Fig. VI.

Fig. V.

Fig. III.

Fig. IV.

Fig. VII.

Fig. VIII.

DETAILS DE MENUISERIE.

Fig. XI.

Fig. X.

Fig. XII.

Dessiné par P. Patte.   Gravé par R. Benard.

DETAILS DE MENUISERIE.

Fig. XIII.

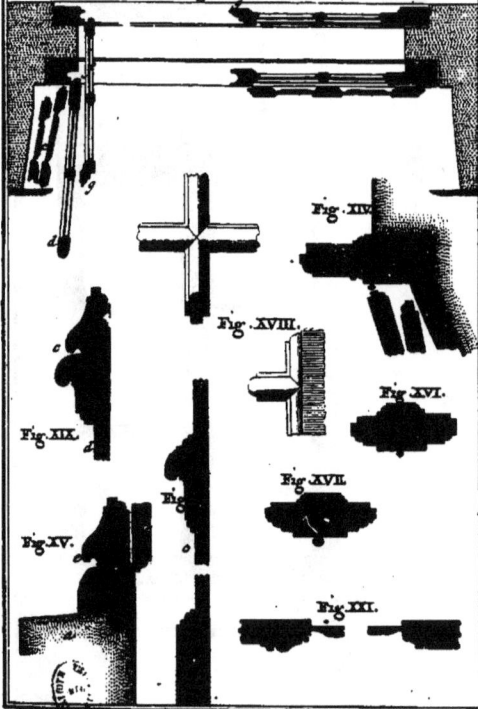

Fig. XIV

Fig. XVIII.

Fig. XVI.

Fig. XIX.

Fig. XVII.

Fig. XV.

Fig. XXI.

DÉTAILS DE SERRURERIE.

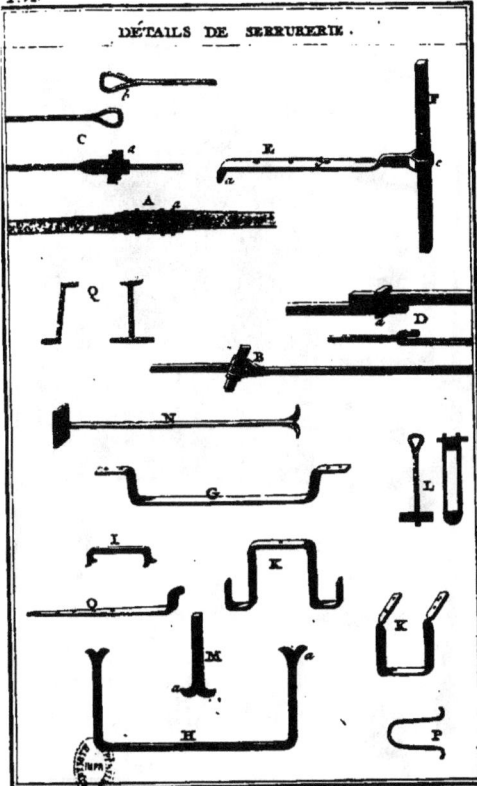

Pl. CXXXIV.

DÉTAILS DE SERRURERIE.

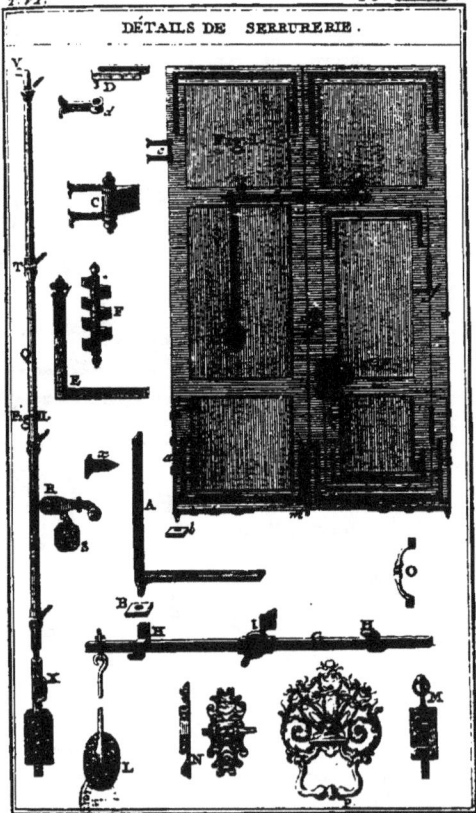

Dessiné par E. Fessa.　　　　　　Gravé par R. Benard.

DÉTAILS DE SERRURERIE.

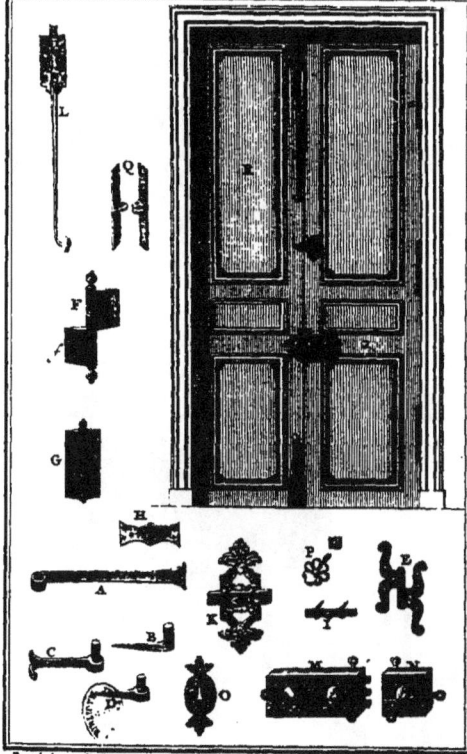

Dessiné par P. Patte.   Gravé par N. Ransonnette.

DÉTAILS DE SERRURERIE.

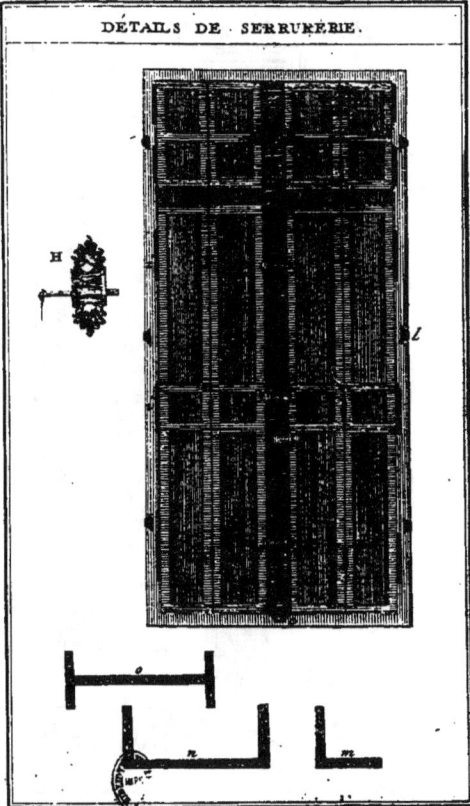

Dessiné par P.Patte.   Gravé par E. Benard.

www.ingramcontent.com/pod-product-compliance
Lightning Source LLC
Chambersburg PA
CBHW052344090426
42739CB00011B/2312